베푸는 삶의 비밀

베푸는 삶의 비밀

고든 맥도날드 | 윤종석 옮김

Ivp

IVP(InterVarsity Press)는
캠퍼스와 세상 속의 하나님 나라 운동을 지향하는
IVF(InterVarsity Christian Fellowship)의 출판부로서
생각하는 그리스도인을 위한 문서 운동을 실천합니다.

Originally published by Tyndale House Publishers
as *Secrets of the Generous Life*
ⓒ 2002 by Gordon MacDonald
Translated by permission of Tyndale House Publishers, Inc.
351 Executive Drive, Carol Stream, IL 60188, U. S. A.
though the arrangement of KCBS Inc., Seoul, Korea

Korean Edition ⓒ 2003 by Korea InterVarsity Press
156-10 Dongkyo-Ro, Mapo-Gu, Seoul, 121-838 Korea

secrets of the generous life

Gordon MacDonald

차례

머리말 • 9

제1부 경건한 성품 • 15

제2부 성실한 청지기 • 33

제3부 확고한 믿음 • 59

제4부 참된 겸손 • 81

제5부 우상을 버림 • 107

제6부 그리스도인의 풍성한 삶 • 131

머리말

본서를 집필하는 동안 나는 책의 주제를 거의 비밀로 했다. 몇 차례 책의 의도를 설명하려 했었지만, 가장 친한 친구들을 포함해서 사람들은 모두 나를 멍하니 쳐다보거나 "어, 그래요"라고 말하는 것이 전부였다. 이런 태도들은 저자의 사기를 고무시켜 주는 반응이 아니다. 그래서 나는 이 일을 밝히지 않는 게 최선이라 결론지었다.

베푸는 삶을 인생의 최우선 목표로 삼으려는 그리스도인들을 위해 책을 쓰고 있다는 사실을 어떻게 설명하겠는가? 대부분의 책들은 주는 것이 아니라 얻는 것에 관해 다룬다. 부, 성공, 건강, 행복을 얻는 것이요, 하다못해 뭔가 정보를 더 얻는 것이다. 그러니 문제 아닌가?

물론 베푸는 이유와 방법과 대상 등 베풂의 신학에 대한 책들이 많이 있다는 것은 안다. 대개 자신이(아니면 적어도 자신이 이끄는 단체가) 재정 후원받기를 바라는 사람들이 쓴 책들이다. 본서는 다르다. 이 책은 베풂의 신학에 대한 책이 아니며 **나**에게 뭔가를 베풀어 달라는 내용은 더욱 아니다. 아울러 나는 베풂의 문제로 여전히 고민 중인 이들을 위해 이 책을 쓰지 않았다(물론 그들이 읽어도 상관은 없겠지만 말이다).

오히려 「베푸는 삶의 비밀」은 자원, 시간, 재능 등 자신이 가진 모든 것에 대해 선한 청지기가 되고자 하는 이들을 위한 책이다. 이런 사람들은 자신에게 주어진 것들을 하나님 나라를 세우기 위해 사용하는 방법을 알고 싶어한다. 사람들에게 베푸는 삶—또는 더 베푸는 삶—을 장려하고 동기를 심어 주는 것이 본서의 의도다. '더 베푸는 삶'이란 삶의 모든 영역에서 하나님 앞에 베푸는 자로 드러나기를 바라는 꿈과 소망을 말한다.

베푸는 삶이란 무엇인가?

베푸는 삶이란 지갑의 척도가 아니라 영혼의 척도일 때가 더 많다. 베푸는 사람들 중에는 부하고 넉넉한 삶을 누리는 이들도 있다. 나는 종종 이런 부류를 '재력과 영향력이 있는 사람들'이라 부른다. 이런 사람들은 보유 재산이 평균을 넘고 흔히 재능도 뛰어나다 보니 그 결과 보통 이상의 영향력과 힘을 누린다. 그러나 잊지 말아야 할 중요한 것이 있다. 재능은 물론 '재력과 영향력'도 결국 하나님이 은혜로 주신 선물이다. 직접 벌었건 유산으로 물려받았건 거액의 재산을 소유한 사람들은 성경의 하나님이 자신에게 더 높은 기준을 적용하신다는 사실을 깨달아야 한다. 즉 하나님 나라의 진보에 뭔가 유익한 일을 하는 사람들과 기관들에 자기 돈의 상당 부분을 나눠야 할 책임이다.

그런가 하면 성전 연보궤에 두 렙돈을 넣은 과부처럼 넉넉하지 못한 돈으로 베푸는 사람들도 있다. 이들은 하나님께 받은 만큼 감사하며 그것을 그분의 일에 쓰고 싶어한다. 세상은 이런 부류의 베푸는 이들을 가난한 사람이라 생각할지 모른다. 그러나 천국의 기준으로 볼 때 그들은 말할 수 없이 부하며 하나님 나라에 유익한 자들이다. 그 가난한 과부야말로 베푸는 삶을 사는 '가난한 부자들' 대열의 선두에 서 있다고 예수님은 말씀하신다.

그러나 베푸는 삶을 사는 이들에게는 경제력의 정도를 떠나 공통되는 한 가지 확실한 믿음이 있다. 다른 사람들의 유익과 복음의 진보를 위해 자기 소유의 일부를 전략적으로 후히 나누어야 한다는 것이다.

하나님은 우리를 베푸는 삶으로 부르셨다. 이 부르심에 대한 내 생각과 묵상을 나누도록 처음 권유한 사람은 내 아들 마크였다. 처음에는 성경이 말하는 청지기 삶에 대한 다른 많은 책들 중 하나가 되겠거니 생각했다. 그러나 그런 책들은 이미 많이 나와 있다는 생각이 들었다.

그래서 나는 성경에 나타난 베푸는 삶의 비밀을 생활 방식, 나눔, 훈련, 도덕성, 다른 사람에 대한 섬김 등 우리가 살면서 부딪히는 여러 문제들에 적용하게 해주는 안내서로 이 짤막한 묵상집을 준비했다. 언뜻 보면 이런 항목들은 앞서 말한 재력가들과 '가난한 부자들'에게 동등하게 적용되지 않는 듯하다. 그러나 이 책을 통해 이런 성경의 진리들은 하나님이 주신 자원의 선한 청지기가 되려는 모든 이들의 마음에 말씀하신다는 것을 발견하게 될 것이다.

본서는 모두 6부로 되어 있으며, 각 부마다 '베푸는 삶'의 일면을 다루고 있다. 각 묵상 글마다 짧은 성경 말씀이 나오는데, 문맥을 이해하기 위해 자신이 선호하는 성경 역본으로 해당 본문을 찾아보면 매우 유익할 것이다.

다음으로 말씀 밑에 나오는 글을 읽기 바란다. 이 글은 대단한 인용문이나 이야기, 설교조의 훈계가 가득 찬 글이 **아니다**. 그저 베푸는 삶이라는 주제에 부합되는 것으로 보이는 성경 말씀에 대한 내 소감일 뿐이다. 글 하나를 읽는 데 4-5분이면 충분할 것이다. 그러나 하루 중 틈틈이 시간을 내어, 읽었던 말씀을 묵상하고 각각의 진리의 말씀을 삶 속에 어떻게 적용할지 하나님께 묻는 것이 좋다.

책을 쓰도록 권유한 아들 마크에게 감사한다(우리는 부자로서만 아니라 친구 사이로도 아주 가깝게 지내고 있다).

얼마 전 아내 게일과 나는 하이디 색스턴(Heidi Saxton)을 알게 되었다. 그녀는 아름다운 마음씨를 가진 젊고 매우 유능한 편집자다(저자이기도 하다). 이번이 나나 우리 부부가 그녀와 함께한 세 번째 작업인데, 매번 즐거운 시간이었다. 자기 분야에 정통하고, 하나님을 사랑하며, 저자가 진정 말하고자 하는 바를 말할 수 있도록 돕는 이와 함께 일한다는 것은 특권이다.

끝으로 나는 매크렐런 재단(Maclellan Foundation)과 아울러 Generous Giving 회사 사람들에게 빚을 졌다. 그들이 믿어 주었기에 이 책에 쏟은 노력이 결실을 볼 수 있었다. 그들은 베푸는 삶의 원리를 오랜 세월 본으로 보여 주었다. 베푸는 삶에 대한 이 재단의 헌신 덕분에 오늘날 전 세계에 수십 개의 기관이 생겼으며, 감히 말하건대 삶이 변한 사람들도 수백만 명에 달할 것이다.

뉴햄프셔 캔터베리에서
고든 맥도날드

제1부

경건한 성품

오직 성령의 열매는 사랑과 희락과 화평과
오래 참음과 자비와 양선과 충성과 온유와 절제니
이 같은 것을 금지할 법이 없느니라.

갈라디아서 5:22-23

당신은 역경이 닥치면 어떻게 대처하는가? 문학 작품에 등장하는 굵직한 주제 중 하나는 시련을 맞이한 인간의 성품을 테스트하는 것이다. 이상하게도 성품을 테스트하기에 가장 좋은 시기는 만사형통하고 지갑이 두둑할 때다. 영적 결단과 물질적 풍요 사이에서 갈등하다가 사람의 성품, 혹은 영혼의 자질에 위기가 닥치는 사연을 소설이나 현실에서 흔히 볼 수 있다.

성품 계발의 문제라면, 성경을 배우는 자들은 먼저 하나님의 속성을 본다. 우리는 하늘 아버지가 그분 자신에 대해 하신 말씀을 묵상하며, 자기 백성을 향한 그분의 행동과 반응에 나타난 모습을 묵상한다. 우리는 또 하나님의 아들 예수님의 삶과 목표를 공부하며, 우리가 본래 어떤 존재로 지어졌는지 더 깊이 깨닫는다. 끝으로 우리는 경건하게 살도록 우리를 꾸짖기도 하시고 달래기도 하시는 성령님의 인도에 마음을 연다.

다음 글들은 경건한 성품 형성을 보여 주는 사례를 성경에서 뽑은 것이다. 이 글들은 베푸는 삶을 살려는 이들로 하여금 형통한 나날과 두둑한 지갑을 초월하여 가장 중요한 문제로 시선을 돌리도록 도전한다. 그것은 바로 우리는 누구인가 그리고 우리는 우리를 지으신 분을 얼마나 잘 반영하고 있는가 하는 문제다.

베푸는 사람의 자질

요셉이 꿈을 꾸고.
창세기 37:5

베푸는 자들은 어디서 오는가? 하나님은 자녀들의 마음속에 어떻게 베푸는 삶을 일구시는가? 이 질문에 대한 답은 아주 다양할 것이다. 그런 동기를 느끼는 이유는 사람마다 다르다.

그러나 대다수 베푸는 이들에게는 공통된 성품의 자질이 있다. 야곱의 아들 요셉의 이야기가 몇 가지 흥미로운 단서를 제공한다.

- 그는 자신의 재능과 기술을 신중하게 다룬 청지기였다.
- 그는 하나님의 이름으로 남다르게 인류를 섬겼다.
- 그는 호되게 복수해야 마땅한 이들에게 넘치는 은혜를 베풀었다.

어려서부터 요셉은 비전의 사람이었다. 그는 생생한 꿈을 많이 꾸었다. 어쩌면 그 꿈들을 속으로만 간직하고 있어야 했는지도 모른다. 하지만 충동이 강한 어린 나이에 그것은 무리였다! 요셉이 장차 지도자가 되어 중책을 맡으리라는 것이 꿈으로 나타나자 그의 형들은 격분했다. 어린 요셉은 가족 위계상 지위가 낮았다. 그래도 그는 자신이 고위 지도자로 부름받은 사실을 사뭇 진지하게 받아들였다. 요셉은 언젠가 자신이 정상에 오르게 될 것을 어려서부터 알았다.

요셉은 정직하고 용감한 사람이었다. 이 역시 형들에게 미움을 사는 이유가 되었다. 요셉은 형들의 수상한 행동에 절대 가담하지 않았고, 오히려 아버지에게 그것을 보고하였다. 형들이 정확히 어떤 짓을 일삼았는지는 분명하지 않다. 가업의 수익을 빼돌렸을 수도 있고, 도덕적 가풍에 어긋나게 살았을 수도 있고, 남의 재산을 약탈했을 수도 있다. 비행의 내막이 무엇이든, 요셉은 지조 있는 사람임을 몸소 증명했다.

끝으로 요셉은 고난을 당하면서도 원한을 품지 않는 법을 배웠다. 한순간에 요셉은 총애받던 아들에서 익명의 노예로 전락했다. 웬만한 사람이라면 그 추락을 감당하지 못해 무너졌을 것이다. 그러나 요셉은 아니었다! 그는 사명감과 정직함으로 참을성 있게 고난을 견뎌 냈다.

이것이 베푸는 삶의 특징이며, 하나님이 가장 잘 쓰실 수 있는 사람들에게서 볼 수 있는 자질이다.

'복된' 유산

처음에 속히 잡은 산업[유산]은 마침내 복이 되지 아니하느니라.
잠언 20:21

이 말씀은 잠언 편집자가 영적 전통의 깊은 곳에서 건져 올린 교훈이다. 이것은 직접적 관찰뿐 아니라 친구들 사이에 오가고 세대를 통해 전해진 사연들에 근거한 것임은 두말 할 필요도 없다.

부와 권력 있는 집안에 태어난 어린아이를 생각해 보라. 어린 나이에 갑자기 그 모든 것을 상속받는다면 어떻게 될까? 잠언 기자는 위험이 기다리고 있다고 경고한다. 그는 그럴 때는 조심하는 것이 현명한 처사라는 것을 익히 알고 있었다.

돈에는 인간을 타락시키는 영향력이 잠재해 있다고 성경은 거듭 경고한다. 돈도 불처럼 순식간에 통제력을 앗아 갈 수 있다. 경험이 부족하고 미성숙하며 계획적인 삶을 살지 않을 때 특히 그렇다. 그럴 때 돈은 재앙을 불러오기 십상이다.

날마다 우리는 어마어마한 돈을 모은 젊은 사업가들 이야기를 듣는다. 그러나 이 잠언이 기록될 당시만 해도 대박이 터져 하룻밤 사이에 돈방석에 앉는 거부들은 거의 없었다. 각종 범죄와 폭력을 통한 부정 축재가 아닌 다음에야 그 시절에는 천천히 어렵게 부를 축적할 수 있었다.

여기에 한 가지 예외가 있다면, 한 세대의 재산이 다음 세대로 전

수되는 유산을 통해 즉각 부를 얻는 것이었다. 그러나 대부분의 경우, 부모는 자식에게 돈을 주기 오래 전부터 핵심적인 가치관을 전수하여 준다. 성품이 재물을 앞설 때 부의 파괴적 영향력을 피할 수 있다. 부모가 자녀를 적절히 훈육하고 경건한 성품을 심어 준 경우 유산은 복이 된다. 수혜자가 책임감 있고 겸손하게 돈을 다룰 줄 알기 때문이다.

> 성품이 재물을 앞설 때 부의 파괴적 영향력을 피할 수 있다.

반면 돈은 풍족한데 성품이 그렇지 않다면, 그 사람의 인생은 비극으로 끝나기 쉽다. 잠언 기자의 지적대로 성품과 성숙이 결여되어 있으면 돈이 파괴적 위력을 발해 유산이 지닌 잠재적인 선(善)이 무산된다. 헛되이 낭비하고 어리석게 투자해서 돈을 순식간에 날려 버리는 것이다. 이는 복된 유산이 아니다!

복된 유산에는 고유의 경계선이 있다. 즉 하나님과 함께 계산하고, 건전한 조언자들과 함께 관리하며, 성숙한 마음에서 나오는 도덕적 절제와 신조를 지킨다. 베푸는 자들이 차세대에게 경건한 가치관을 심어 주려면 일찍 시작해야 한다. 그래야만 수혜자들이 영적 '핵심'을 확실히 지킬 수 있다. 그 핵심이 유산과 수혜자 양쪽을 모두 지켜 준다.

믿을 수 없는 부

성실히 행하는 가난한 자는 사곡히 행하는 부자보다 나으니라.

잠언 28:6

잠언을 조금만 읽어 보아도 잠언 기자가 부의 해로운 영향에 대해 심각하게 생각했음을 알 수 있다. 사실 그는 돈을 별로 좋게 말하지 않았다.

그것은 그가 돈을 본질상 악한 것으로 여겼기 때문이 아니다. 그보다 그는 우리가 다이너마이트를 생각하듯 부에 대해 생각하였다. 올바르게 사용했을 때는 위대한 일을 이루지만, 잘못 사용했을 때는 파괴하는 것이다.

이 구절을 통해 잠언 기자는 성실함(blamelessness)이 바람직한 삶의 최고 기준이라면, 가난함이 부유함보다 낫다고 말한다. 상상해 보라! 성실한 삶은 유전되는 것도 아니고 저절로 생기는 자질도 아니다. 그것은 기술을 연마하거나 특별한 지식을 얻는 것처럼 계발되는 것이다.

성실한 삶은 의도적인 삶이다. 성실한 자는 날마다 하나님의 계시대로 살려는 마음으로 하루를 시작한다. 그것이 최우선 순위를 차지하고 다른 모든 것들은 그 뒤에 놓인다.

누가복음 18:25에 예수님은 약대가 바늘귀로 들어가는 것이 부자가 하나님 나라에 들어가는 것보다 쉽다고 말씀하셨다. 이 글을 읽고 부유한 독자들은 성경에서 부자가 '나쁜 사람' 역할로 나오는 것이 불쾌할 수 있다. 그러나 최소한 잠언서의 경우, 저자 자신이 거부였다는 사실을 잊지 말아야 한다. 그가 어울린 사람들도 그와 비슷한 경제 수준이었다. 한마디로 그는 부에 대해 너무 잘 알고 있었던 것이다.

예컨대 그는 부의 축적이 규칙을 어기고 함정을 파는 등 다른 사람의 희생으로 이루어질 때가 많음을 알았다. 그는 무절제한 부가 어떻게 영혼을 좀먹는지 똑똑히 보았다. 재물이 현실을 규정짓는 전부라고 여기는 자들을 그는 직접 보았다.

이러한 모든 이유 때문에 잠언 기자는 부자들이 영적 '균형'을 잃기 쉽다고 결론짓는다. 가난하고 성실한 편이 차라리 낫다는 것이다. 이것은 단순히 그럴듯한 말이 아니라 그가 직접 겪은 일이다. 그는 가장 중요한 생각을 잠언의 여백에 남긴다. **영향력과 재력을 가진 사람이 자신의 돈과 에너지와 영향력을 후히 베풀면 어떻게 될까? 이러한 사람이 경건한 성품 추구를 최우선으로 삼으면 어떻게 될까? 부자든 가난한 자든 누군가 모든 결정과 관계와 업무를 그리스도를 사랑하는 마음으로 하기로 결심한다면 어떻게 될까?** 그럴 때 이 잠언 말씀은 할 바를 다한 것이다. 그 말씀은 정말 가장 중요한 곳으로 우리를 인도한 것이다.

경계와 함께 주어진 확신

[여호와께서 솔로몬에게 이르시되] 네가 만일 네 아비 다윗의 행함과 같이 마음을 온전히 하고 바르게 하여 내 앞에서 행하며…너의 이스라엘 왕위를 영원히 견고하게 하려니와.

열왕기상 9:4-5

열왕기상 3장에 보면 하나님이 새로 왕위에 오른 솔로몬의 헌신과 정직을 기뻐하여 그에게 "내가 네게 무엇을 줄꼬. 너는 구하라"는 특별한 제의를 하신다.

솔로몬은 큰 재물이나 권력을 구하지 않고 지혜와 분별력을 구했다. 하나님은 솔로몬의 이러한 요청에 매우 흡족해하시며 그에게 깊은 지혜를 주실 뿐 아니라 **그에 더하여** 엄청난 부와 권력까지 주셨다. 재위 기간 중 솔로몬은 하나님이 주시는 복을 누렸으며 멀리 떨어진 외국의 통치자들에게까지 그 명성이 자자하였다.

9장에 보면 솔로몬은 그의 아버지 다윗의 꿈이었던 성전 건축을 이제 막 완공한다. 이번에도 하나님은 솔로몬을 크게 기뻐하셨다. 솔로몬이 여호와께 성전을 바치자 하늘에서 기도 응답이 임하였다.

통치 초기에 솔로몬은 지혜를 구하였고 하나님은 말씀하셨다. 이때도 하나님은 또다시 말씀하셨다. 이번에는 확신과 경계에 대한 말씀이었다.

확신. 솔로몬은 언제나 하나님의 보호를 의지할 수 있었다. 왕위는 보전되고 솔로몬의 리더십은 하나님의 복으로 인쳐질 것이다. "이스라엘 위에 오를 사람이 네게서 끊어지지 아니하리라"(왕상 9:5).

이어 경계가 주어진다. 솔로몬이나 그의 아들들이 여호와를 떠나면 심판이 있을 것이다. 하나님은 이스라엘을 그 땅에서 끊으실 것이고 성전도 거룩한 곳으로 인정하지 않으실 것이다. 이스라엘은 역사의 주변인이 될 것이요, 세계 만방의 '조롱의 대상'이 될 것이다.

장차 그리로 지나갈 자들을 상상해 보라고 하나님은 솔로몬에게 말씀하신다. 그들은 황량한 땅을 보며 한때 그 곳에서 무슨 일이 있었는지 의아해한다. 대답이 들린다. "저희가 자기 열조를 애굽 땅에서 인도하여 내신 자기 하나님 여호와를 버림이라"(왕상 9:9).

베푸는 삶을 살려는 이들에게 이것은 엄숙한 메시지다. 세상에는 어떻게든 우리의 돈과 영향력을 받아 내려고 안달하는 사람들이 항상 있다. 그것을 위해 그들은 우리의 어떤 행동이나 태도도 용납하려 든다. 우리의 베풂을 계속 받을 수만 **있다면** 그들은 아부도 하고 향응도 베풀고 돌에 이름도 새겨 준다.

그러나 하나님은 그런 장난에 현혹되시는 분이 아니다. 어떤 건축 사업도, 어떤 기부금이나 피상적인 말도 천지의 하나님을 감동시킬 수 없다. 솔로몬아, 잘 들어라. 네가 성실한 마음을 저버리면 나는 너와 네 자손과, 네가 바친 모든 것을 버릴 것이고, 그러면 세상은 필시 너를 비웃을 것이다.

경건한 성품의 추구

> 그러므로 사랑을 입은 자녀같이 너희는 하나님을 본받는 자가 되고 그리스도께서 너희를 사랑하신 것같이 너희도 사랑 가운데서 행하라. 그는 우리를 위하여 자신을 버리사 향기로운 제물과 생축으로 하나님께 드리셨느니라.
> 에베소서 5:1-2

에베소 교인들을 향한 바울의 도전은 베푸는 삶을 살려는 모든 이를 위한 말이다. "사랑을 입은 자녀같이 너희는 하나님을 본받는 자가 되라."

엄마 옷장을 뒤져 엄마 신발에 조그만 제 발을 넣어 보고 엄마가 가장 아끼는 옷을 입어 보는 어린 딸을 생각해 보라. 아침에 면도하는 아빠를 부럽게 쳐다보며 자기도 그럴 날을 고대하는 어린 아들을 떠올려 보라. 아이들은 몹시도 부모를 흉내내려 한다. 그것은 부모에 대한 최고의 찬사요 어린아이다운 사랑의 표현이다.

마찬가지로 바울은 우리도 하늘 아버지의 '본질'을 입어야 한다고 에베소 교인들에게 말한다. 어떻게 그럴 수 있을까? 그리스도의 사랑의 모범을 따라 사랑의 삶을 살면 된다. 그것은 그만큼 단순하면서도 심오한 것이다.

때로 우리는 걸음을 멈추고 우리가 살고 있는 세상을 평가해 볼 필요가 있다. 재판관이나 혹독한 비판자 역할을 하라는 것이 아니다. 그보다 우리는 본래 하나님이 의도하신 세상과 지금 세상의 모습을 슬

퍼하는 마음으로 생각해 보아야 한다.

하나님이 의도하신 세상은 아름다움과 화목한 관계, 보람된 일과 기쁨이 있는 장소였다. 그러나 실상은 파괴적 경쟁, 인간의 착취, 온갖 살벌한 폭력으로 점철된, 사랑 없는 세상일 때가 너무 많다. 세상은 잔인한 곳이 될 수 있다.

> 하나님이 의도하신 세상은 아름다움과 화목한 관계와 보람된 일과 기쁨이 있는 장소였다.

바울은 이미 당시에 이 모든 것을 보았다. 그러나 바울은 세상 속에서 출현할 인간 공동체에 대한 소망을 절대 포기하지 않았다. 바로 아버지를 본받아 서로 사랑하고 세상 사람들을 사랑하는 하나님의 자녀들 말이다.

베푸는 사람의 마음은 이렇게 중심으로부터 그리스도의 사랑을 향해 기운다. 그 사랑을 받으려 하며, 길을 가다가 만나는 모든 어려운 이들에게 그 사랑을 주려 한다. 베푸는 삶이란 남는 돈 한 푼 더 적선하는 것이 아니다. 그것은 우리가 그리스도께서 이 땅에서 본보이신 애정과 관심을 남에게 전달해 줄 수 있도록 인간의 마음을 그리스도의 방향으로 재조정하는 문제다.

베푸는 사람들이 보여 주는 이런 희생적인 삶은 하늘로 올라가는 향기로운 제물이다. 부모가 엄마의 신발과 옷을 입어 보는 딸아이를 몰래 지켜보며 아이의 사랑을 기뻐하는 것처럼, 하나님도 자녀들의 애정을 기뻐하신다.

베푸는 자의 일

하나님이 그 지으신 모든 것을 보시니 보시기에 심히 좋았더라.
창세기 1:31

"**상**사가 인정해 주지 않는 일은 가치가 없다." 언젠가 한 기업 경영인이 내게 해준 말이다. 책임과 평가 면에서 교훈이 되는 말이며, 중요한 경영 원리다.

여기서 이런 질문을 던져 볼 수 있다. 하나님의 창조 사역은 누가 인정했는가? 답은, 바로 하나님이다! **하나님의 상사는 하나님 자신이셨다.** 품질을 인정하는 그분의 결재 도장을 '좋았더라'는 단어에서 찾을 수 있다. 하나님은 선하시므로 그분이 하시는 일도 그분의 성품의 완벽한 표현일 수밖에 없다.

우리가 하는 일도 알게 모르게 우리 성품을 드러낸다. 최선의 노력이 반영되지 않은 미완성의 일이나 기준에 못 미치는 일은 그 일을 했던 사람의 성품에 대해 뭔가를 말해 준다.

이 생각을 좀더 확대해 보자. 어떤 의미에서 삶의 모든 영역은 이러저러한 일들로 이루어지며, 결과적으로 성품의 표현이다. 중요한 대인 관계를 유지하고 집을 간수하고 개인 구좌를 결산하고 공과금을 납부하기 위해 우리가 하는 일은 모두 우리 정체성의 일면을 보여 준다. 교회나 지역 사회에 시간과 능력을 기부할 때 우리는 '일하는' 것이다. 즉 현실의 한 영역에 우리 성품의 자질을 들이미는 것이다.

베푸는 자의 재정적 기부는 또 다른 신성한 일이요 개인 성품의 표현이다. 베푸는 자들은 기쁜 마음으로 하나님의 음성에 귀기울이며 언제 어떻게 베풀어야 할지 지혜를 구한다. 그들은 일단 약정한 일은 정시에 이행하며 약속을 지킨다.

베푸는 삶의 일은 많은 돈을 기부하는 것 이상을 포함한다. 정성을 다해 후원할 때 비로소 베푸는 삶의 온전한 상급을 체험할 수 있다. 물론 참여 형태는 여러 가지일 수 있다. 예컨대 기도로 참여할 수도 있고 시간이나 적절한 전문 기술로 참여할 수도 있다. 이렇게 자신을 내줄 때 우리는 베풂의 가장 큰 상급을 맛보게 된다. 그럴 때 비로소 우리는 긴장을 풀고 성취된 일을 기뻐하며, 하나님의 형상대로 "보기에 좋았더라"고 고백할 수 있다.

> 베푸는 삶의 일은 많은 돈을 기부하는 것 이상을 포함한다.

자상하신 하나님

> 아비가 자식을 불쌍히 여김같이 여호와께서 자기를 경외하는 자를 불쌍히 여기시나니 이는 저가 우리의 체질을 아시며 우리가 진토임을 기억하심이로다.
> 시편 103:13-14

세상의 성공한 사람들은 대개 강한 면이 있다고들 말한다. 때로 그것은 **승부 근성**으로 불리기도 한다. 남들이 포기할 때 끈질기게 밀어붙이는 능력, 남에게 상처를 줄 수도 있고 자신의 꿈을 포기해야 할 수도 있는 어려운 결정을 내리는 능력 말이다.

이 자상함에 관한 시편 말씀은 다른 나라의 신들보다 높고 구별되는 이스라엘의 하나님의 일면을 보여 준다. 다른 신들은 무심하고 변덕스러우며 잔인하게 여겨졌다. 그러나 우리는 이 시편에서 죄를 용서하시고, 치유하시며, 관을 씌우시고, 만족함을 주시며, 심령을 새롭게 하시는 하나님을 보게 된다. 그분의 사랑은 끝이 없고 변함이 없다.

나아가 하나님은 그의 백성에게 말씀하신다. 그분은 은혜로 행하시며 다행히도 우리 죄에 따라 복수하듯 갚으시지 않는다. 그러나 무엇보다 놀라운 것은 이것이다. 하나님이 우리를 긍휼히 여기시는 아버지라는 사실 말이다. 우리의 심정을 아신다는 말이다. 다시 말해 우리의 마음이 움직이는 일에 그분의 마음도 움직이신다는 것이다.

베풀며 살려는 우리 그리스도인들에게 이런 사랑의 하나님께 합당한 반응은 하나뿐이다. 그분을 닮으려 애쓰는 것이다! 우리는 돈이 우리를 대변하게 하지 않는다. 우리는 **먼저** 그분처럼 용서하고, 치유하며, 남들에게 관을 씌워 주며, 다른 사람들에게 만족을 주며, 심령을 새롭게 하는 신령한 존재가 되고자 한다. 하나님이 우리에게 행하신 것처럼 우리도 남에게 행하려 한다.

그리스도의 영으로 충만한 사람은 **강한** 모습이나 소위 **승부 근성**으로 알려지길 원치 않는다. 그보다는 자상하다는 평을 듣게 되기를 더욱 사모한다. 그것이야말로 우리의 여리고 약함을 아시며, 우리에게 자상하신 하나님 아버지를 반영하는 것이다. 그분이 우리에게 자상하시듯 우리도 남들에게 자상하도록 부르심을 받았다.

제2부

성실한 청지기

생육하고 번성하여 땅에 충만하라.

땅을 정복하라.

바다의 고기와 공중의 새와 땅에 움직이는

모든 생물을 다스리라.

창세기 1:28

청지기 개념은 창조 기사에 처음 등장한다. 그것은 성경의 가장 위대하고 중요한 주제 중 하나다.

성경은 모든 창조 세계가 하나님께 속한 것을 분명히 밝힌다. 그분이 만드셨으며, 어떻게 관리해야 하는지 알려 주셨을 뿐 아니라, 그것을 맡긴 인간으로 하여금 하나님께 '보고'하기를 원하신다. 창조 세계의 건강과 아름다움은 언제나 하나님을 만물의 창조주이신 하나님으로 높여 드리며 순종하려는 우리의 의지에 좌우되어 왔다.

아담과 하와가 하나님이 지으신 만물을 돌보고 기뻐하며 청지기 본분을 감당한 기간이 얼마나 되는지 아무도 모른다. 며칠? 몇 달? 몇 년? 그들이 맡은 책임에 성실하며 그들의 주인께 순종하였을 때는 모든 것이 순조로웠다.

일이란 청지기의 맥락에서 볼 때 가장 잘 성취된다. 그래서 이런 질문을 하게 된다. **우리는 우리의 모든 소유가 하나님의 것이며 잠시 우리에게 맡겨진 것임을 알고 있는가?**

청지기(혹은 관리인)는 무엇이 주인 것이고 무엇이 자기 것인지 안다. 청지기와 소유권에는 전혀 혼동이 있을 수 없다. 선한 청지기는 자기 것이 아닌 것을 얻기 위해 싸우지 않는다. 청지기는 주인에게 속한 명예를 구하지도 않는다. 나아가 청지기는 자신이 한 일을 조심스럽게 보고하며 주인의 것을 주인에게 돌린다.

청지기 직분은 베푸는 훈련의 핵심을 이룬다. 그것 없이는 베풂은 끔찍한 경험이 되며, 진정한 베풂이 아예 불가능할 수도 있다. 창조 기사가 일깨워 주는 것처럼 우리가 베푸는 것은 그것이 편리하거나 실용적이기 때문이 아니다. 우리가 베푸는 것은 내게 맡겨진 모든 것이 하나님의 것이며, 그분이 보시기에 선한 대로 쓰여야 하기 때문이다.

현명한 베풂의 원리

또 그 은을 받아 일꾼에게 주는 사람들과 회계하지 아니하였으니 이는 성실히 일을 하였음이라.

열왕기하 12:15

이스라엘과 유다 두 왕국의 역사에는 경건한 왕들이 많지 않다. 그러나 예외가 있는데 예루살렘에서 40년 간 통치한 요아스가 그 중 하나다. 그는 제사장 여호야다의 교훈을 받을 동안에 여호와 보시기에 정직히 행한(왕하 12:2) 매우 성실한 사람이었다. 여기 두 가지 중요한 요소에 주목하라. 정직한 왕이 있었고, 그를 신실하게 영적으로 지도한 제사장이 있었다.

요아스는 든든한 영적 중심지가 없는 나라는 문제에 빠진다는 것을 알았다. 안타깝게도 성전은 복구와 정비가 절실히 필요한 상태였다. 흔히 성전 유지를 맡았던 제사장들은 이러한 용도로 할당된 돈을 잘못 관리하고 있었다.

이 문제에 멋진 해답이 나왔다. 상자 뚜껑에 구멍을 뚫어 성전 입구에 놓은 것이다. 사람들은 상자에 돈을 넣었다. 이 돈을 신중히 계수하여 성전 일꾼들의 손에 넘겼고, 그들은 본격적으로 성전 복구 작업에 들어갔다. "또 그 은을 받아 일꾼에게 주는 사람들과 회계하지 아니하였으니 이는 성실히 일을 하였음이라."

이로부터 무엇을 배울 수 있는가? 첫째, 사람들이 예배하고 영적으로 회복되는 장소에 베풂의 우선 순위를 두는 것이 지혜롭다. 각종 중요한 사업과 기관의 모금도 중요하다. 그러나 우리에게 지속적으로 힘이 되어 주는 영적 중심지, 즉 우리가 하나님을 만나고 서로를 만나는 그 곳이 없다면 나머지 모든 것은 점차 생명력을 잃고 말 것이다.

요아스 기사가 일깨워 주는 또 하나의 교훈이 있다. 돈을 적임자에게 잘 맡겨야 한다는 것이다. 제사장들은 좋은 사람들이었겠지만 헌금을 관리하거나 성전 복구를 감독할 적임자는 아니었다. 그러한 책임은 육체 노동에 뛰어난 사람들의 몫이었다. 나아가 돈은 정직한 사람들의 손에 맡겨졌다. 그들의 정직은 통상적 회계 절차가 불필요하게 여겨질 정도로 공인된 것이었다.

세 가지 원리다. 전략적 드림, 적절한 관리, 뛰어난 정직성. 베푸는 삶을 사는 자는 이런 부분을 진지하게 여긴다.

과부의 헌금

[예수께서 이르시되] 이 과부는 그 구차한 중에서 자기 모든 소유…를 넣었느니라.

마가복음 12:44

예수님이 제자들에게 가르치신 가장 중요한 교훈 중 일부는 설교나 강의가 아니라 훨씬 더 단순한 방식으로 주어졌다. 그저 제자들에게 주변 세상을 관찰하게 하신 것이다.

그들은 사람들이 헌금을 가지고 들어서는 성전 문 앞에 앉아 있었다. 학자들에 따르면 연보궤는 동전이 떨어질 때마다 큰 소리가 나도록 쇠로 만들어졌다. 동전을 한 보따리 든 사람이 성전 문 앞에 다가와 헌금할 때 어떤 일이 벌어졌을지 상상할 수 있다. 헌금통에 동전이 쏟아지는 요란한 소리가 필시 주변 사람들에게 강한 인상을 남겼을 것이다.

물론 지금은 헌금 접시에 동전을 떨어뜨리는 것이 별로 대단한 일이 아니다. 현대식으로 말하자면 건물 전면에 이름을 영구적으로 새기거나 요직의 후보로 부상하거나 거창한 감사패를 받는 것쯤이 될 것이다. 그 때나 지금이나 박수와 인정과 칭찬을 바라는 것이 우리의 본능이다. 우리는 내가 돈을 냈다는 사실과 그래서 대단히 중요한 존재라는 사실을 남들이 알아주기 원한다.

다른 모든 이들과 달리 예수님은 연보궤의 요란한 소리에 감동하시지 않았다. 그분은 한 과부(극빈자와 힘없는 자의 상징)가 헌금 장소에 말없이 다가와 조그만 동전 두 개를 넣는 것을 지켜보시느라 여념이 없었다. 단돈 "두 렙돈 곧 한 고드란트"니 적어도 아주 적은 헌금이었다.

그러나 예수님이 보시기에는 그것이 그 날의 가장 큰 헌금이었다. "저희는 다 그 풍족한 중에서 넣었거니와(헌금을 내고도 남은 돈이 많았음을 암시한다) 이 과부는 그 구차한 중에서 자기 모든 소유 곧 생활비 전부를 넣었느니라"(막 12:44).

이 말씀이 주는 교훈은 자명하여 굳이 설명이 필요 없다. 남 모르게, 희생적으로, 사랑으로 드릴 때 드림이 귀하다. 사실 이것은 **진정으로** 베푸는 생활 방식의 정신을 보여 준다. 아울러 믿음을 보여 주기도 한다!

부지런한 자

> 게으른 사람은 사냥한 것도 불에 구우려 하지 않지만, 부지런한 사람은 귀한 재물을 얻는다(표준새번역).
>
> 잠언 12:27

이 짤막한 말씀에 생각하고 살아가는 방식이 나와 있다. 잠언 전체에 걸쳐 인간의 게으름에 관한 말씀이 많이 나온다. 그들은 대개 '게으른 사람'으로 표현된다. 정녕 그들은 무엇이 귀한지 모르며, 주어진 작은 것을 어떻게 관리해야 할지 모른다.

단적인 경우로 "게으른 사람은 그 사냥한 것도 굽지 않는다." 기자는 풍자적 유머에 가까운 말로, 짐승을 잡았거나 얻은 사람을 상상한다. 거기까지는 좋다. 그러나 먹을 때가 됐는데도 그는 맛있게 먹을 만하게 굽는 준비에 시간과 노력을 들이지 않는다.

이 사람이 짐승을 어떻게 구했는지는 분명치 않다. 직접 잡았다면 후속 조치의 원리가 적용된다. 즉 그는 시간을 들여 (굽는) 일을 마치지 않았다. 짐승을 남으로부터 얻은 경우라면, 감사의 결핍이라는 다른 원리가 적용된다. (그는 선물의 가치를 몰라서 의지력을 동원해 그것을 제대로 취급하지 않았다.) 한마디로 이 게으른 자는 무책임하며, 주어진 것을 어떻게 관리해야 할지 모른다.

"부지런한 사람은 귀한 재물을 얻는다." 이것은 축재를 묵인하는 말도 아니고 부를 과시하는 자를 칭찬하는 말도 아니다. 그보다 이것은 자기에게 맡겨진 것을 귀히 여기는 사람을 묘사한 표현이다.

무엇보다도, 부지런한 자는 무턱대고 재산을 긁어모으지 않는다. 소유를 얻을 때부터 이미 귀히 여기는 태도가 시작된다. 그는 묻는다. '이것의 유익은 무엇인가? 이것은 다른 사람들과 내 삶의 질을 어떻게 높여 줄 것인가? 내가 사려는 물건은 내 성공을 과시하기 위한 것인가 아니면 분명한 용도가 있는가?'

둘째, 부지런한 자는 일단 얻은 소유를 소중히 여긴다. 쓰지 않고 놓아 두는 것이 아니라 반드시 더 나은 삶을 위해 기여하도록 한다. 그후 용도가 다하면 남에게 주거나, 남에게 줄 가치도 없거든 버린다.

그러나 무엇보다도, 부지런한 자는 자신이 모든 소유(예외가 없다)의 청지기임을 안다. 내 손에 있는 물건이 주님의 것임을 확인하지 않고는 아무것도 사거나 쓰거나 남에게 보여 줄 수 없다. 그는 그것을 잘 써야 한다. 끝까지 써야 한다. 주님의 영광을 염두에 두고 써야 한다.

사냥한 것을 굽지 않고 심지어 썩을 때까지 놓아 두는 게으른 자와, 자기가 가진 것이 무엇인지 알며 반드시 그것을 올바르게 관리하는 부지런한 자 사이에는 큰 차이가 있다.

궁휼히 여기는 여인

> [현숙한 여인은] 간곤한 자에게 손을 펴며.
> 잠언 31:20

남존여비 문화가 팽배했던 고대 세계에서, 잠언 31장은 성경에 나오는 어떤 고상한 남자와도 견줄 만한 뛰어난 여인을 생생하게 묘사했다. 우리는 흔히 경건한 남자에게 해당되는 원리들을 여자들도 잘 배울 수 있다고 생각한다. 마찬가지로 여기서 남자들도 이 경건한 여자로부터 귀한 교훈을 배울 수 있다.

이 여인은 유능하고 생산적인 사람이다. 일을 조직하고 계약을 성사시킨다. 가치에 대한 안목이 있다. 열심히 일한다. 그리고 그녀를 아는 사람들에게 존경을 받는다. 그러나 분명 그녀는 그 이상이다. 이 여인에게는 성숙한 내면 생활이 있다. 그래서 남편은 그녀의 판단을 안심하고 믿으며 자녀들도 그녀를 칭송한다. **힘**과 **품위**가 있다는 것은 누구라도 듣고 싶은 칭찬의 말이다. 또 그녀의 경우처럼 우리도 내 입에서 나오는 '신실한 조언'을 남들이 열심히 들어주기를 바란다. 그녀는 바로 그런 여자였다. "그녀는 여호와를 경외하였다."

이 뛰어난 인물은 궁휼을 베풀기로 소문나 있다. "그녀는 간곤한 자에게 손을 펴며 궁핍한 자를 위하여 손을 내민다." 그저 통장에 돈을 입금해 주거나 자선 단체를 후원하는 정도를 훨씬 넘어서는 것이다. 이 여인은 고통받는 주변 사람들의 삶에 개입한다. 그녀는 그들을 알고 어루만지며 그들의 생활 형편과 고충을 잘 알고 있다. 그녀는 "손을 펴서 내민다."

그보다 낮은 수준의 삶에 유혹을 느끼는 자들은 중요한 질문을 던질 필요가 있다. "내가 책상 앞에 앉아 남에게 내 부를 떼어 주되 나 자신을 내주지 않는다면 그것이 하나님께 무슨 기쁨이 되겠는가?" 현숙한 여인에 대한 이 짤막한 말씀을 보며 우리가 기억해야 할 사실이 있다. 최초로 베푸신 이인 하나님은 사람들에게 비디오나 보조금이나 '전문인'을 보내시지 않았다. 그분은 자기 아들을 보내셨다. 이것은 자신을 내어 주셨다는 말과 같다.

이것을 '성육신 신학'이라 칭하는 이들도 있다. 감동적이고도 적절한 표현이다. 그러나 그 뒤에는 단순한 진리가 있다. 베푸는 삶의 개념에는 단순히 돈보다 훨씬 많은 것이 포함된다는 사실이다. 선물 속에 베푸는 자가 성육신해야 한다. 즉 몸이 동참해야 하는 것이다. 또는 **기업가 정신**(entrepreneurship)이라 표현할 수도 있다. 돈뿐 아니라 자신이 겸비한 기술과 에너지도 선물에 함께 포함한다는 뜻이다. 베푸는 자는 그가 베푸는 상대와 함께 한다. 이제 우리는 희생의 의미를 깨닫기 시작한다.

> 베푸는 삶의 개념에는 단순히 돈보다 훨씬 많은 것이 포함된다.

헌금은 이제 그만!

[지혜로운 장인들이] 모세에게 고하여 가로되 백성이 너무 많이 가져오므로 여호와의 명하신 일에 쓰기에 남음이 있나이다.

출애굽기 36:5

지도자가 헌금을 그만하라고 호소하는 말을 들어본 일이 있는가? 적어도 한 번 그런 일이 있었다.

이스라엘 백성은 이동식 성전인 성막을 짓는 일에 열심이었다. 유능한 장인 브살렐과 오홀리압은 동료들과 함께 건축 사업에 착수했고 백성들은 헌물로 후원하였다. 그러나 (이런 일은 상상하기 어렵지만) 곧 '문제'가 생겼다. 열정이 너무 뜨거워 헌금이 너무 많이 들어왔던 것이다! 그래서 일꾼들은 **그만 드리게 해 달라고** 모세에게 부탁하였다.

후원을 그만해 달라는 편지를 받아 본 일이 있는가? 방법이 편지였든 구두였든, 모세는 더 이상 성막 사업에 헌금을 바칠 필요가 없다고 사람들을 설득했고 백성들은 물러났다. 이미 들어온 것만으로도 "명하신 일에 쓰고도 남을 만큼 있었기" 때문이다. 놀라운 일이다!

이스라엘 공동체에 뭔가 부흥이 있었다고 추정할 수밖에 없다. 하나님의 임재를 풍성히 체험할 때 사람들은 그분을 기쁘시게 하려 하며 간절히 그분을 예배하려 한다. 흔히 헌금 수준의 증가로 그것을 일부 가늠할 수 있다.

물론 헌금을 중단하라는 명령은 건축가들의 계획이 있었기에 가능했다. 작업에 필요한 돈이 충분히 조달된 것을 그들은 계획에 비추어 알 수 있었다. 백성들이 자기 뜻대로 혹은 자기 이름을 내려고 건축했다는 증거는 전혀 없다. 그들은 하나님이 무엇을 원하시는지 알고 있었다. 그래서 자원이 충분해지자 "그만!"이라고 말할 수 있었다.

백성들의 후한 드림 또한 놀랍다. 그들을 설득하거나 구슬려야 했다는 증거는 없다. 그들은 지도자들을 믿었다. 계속해서 바칠 만큼 그들의 열의는 높았다. 그리고 하나님은 백성의 이런 찬미를 기뻐하셨다.

성경에 후한 드림에 대한 이야기가 많지만 그 중 가장 위대하고도 놀라운 것으로 이 기사를 빼 놓을 수 없을 것이다. 우리도 이와 같은 이야기를 보고할 수 있다면 얼마나 놀라울까?

하나님의 명령에 대한 응답

> 내 아들 솔로몬아. 너는 네 아비의 하나님을 알고 온전한 마음과 기쁜 뜻으로 섬길지어다. 여호와께서는 뭇 마음을 감찰하사 모든 사상을 아시나니 네가 저를 찾으면 만날 것이요.…그런즉 너는 삼갈지어다. 여호와께서 너를 택하여 성소의 전을 건축하게 하셨으니.
>
> 역대상 28:9-10

예루살렘 성전 건축 이야기는 역대상에 계속 반복되어 나타난다. 각각의 기사를 통해 우리는 다윗이 아들의 건축 역사를 위해 어떻게 길을 닦았는지 좀더 자세히 알 수 있다.

때때로 베푸는 자들은 그저 돈만 주면 된다고 생각하고 싶을 때가 있다. 그러나 다윗이 솔로몬에게 줄 것은 건축 설계도와 돈뿐만이 아니었다. 그는 한 세대가 다음 세대에게 전해 줄 수 있는 최고의 영적 조언을 아들에게 제공했다.

"네 아비의 하나님을 알라." 다윗은 솔로몬에게 하나님의 목적과 주장을 그의 생각과 행동의 중심으로 삼도록 일렀다. 이것은 가나안 땅에 팽배했던 우상 숭배에서 비롯된 삶의 방식에 절대 휩쓸려서는 안 된다는 뜻이었다. 각 세대마다 나름대로의 영적 유혹에 부딪히게 된다. 오늘날과 마찬가지로 솔로몬 때도 그랬다.

"온전한 마음과 기쁜 뜻으로 섬기라." 다윗은 솔로몬이 생각으로나 행동으로나 충성을 다해 하나님을 섬기기 원했다. 마찬가지로 우리의 행동도 진리라고 생각하며 선포하는 것과 일치되어야 한다. 우리의 헌신에는 조건이나 보류가 있을 수 없다.

"여호와는 마음을 감찰하사 사상을 아신다." 신들은 인간의 내면 생활을 알 능력도 없고 살피려는 관심도 없다는 것이 당시 문화에서 대다수 사람들의 믿음이었다는 점을 감안할 때, 이것은 매우 놀라운 말씀이다. 사실 이것은 성경 신학의 중요한 진술이다. 우리는 나보다 나를 더 잘 아시는 하나님께 반응한다.

"네가 저를 찾으면 만날 것이다." 다윗은 이것을 경험으로 알았다. 다윗의 신앙 여정에는 힘겨운 시절이 있었다. 그는 영적 방황의 외로움과 고독을 알았고, 자녀들이 가장 밑바닥에 내려갔을 때도 만나 주시는 하나님의 은혜를 알았다.

"여호와께서 너를 택하셨다." 끝으로 명령이 나온다. 솔로몬은 도전을 듣는다. 이 순간 그는 하나님의 사람이다. 그는 하늘의 뜻에 자신을 맞출 것인가?

솔로몬은 권고를 따랐다. 한동안은 그랬다. 그러다 나중에 아버지의 조언을 버리고 왕의 특권을 남용하였을 때 그는 은총을 잃었다. 남다른 자원과 영향력이라는 복을 받은 모든 사람에게 솔로몬은 최고와 최악의 이유로 한 편의 잠언이다.

내 세대에 시작되는 꿈

[솔로몬이 이르되] 이제 내가 나의 하나님 여호와의 이름을 위하여 전을 건축하여 구별하여 드리고 주 앞에서 향 재료를 사르며 항상 떡을 진설하며 안식일과 초하루와 우리 하나님 여호와의 절기에 조석으로 번제를 드리려 하니 이는 이스라엘의 영원한 규례니이다.

역대하 2:4

다윗은 꿈꾸는 자였다. 그의 꿈 중 으뜸은 온 나라가 모여 적절한 예배 행위를 드릴 수 있는 성전을 짓는 것이었다. 그 생각은 다윗의 숙원이 되었다. 그는 많은 일을 이루었지만 여호와의 집을 짓는다는 이 한 가지 목표만큼 중요해 보이는 것은 결코 **없었다**.

그러니 하나님이 성전 건축이 다윗의 일이 아니라고 말씀하셨을 때 그의 실망이 얼마나 컸겠는지 가히 상상이 간다. 다윗은 너무 많은 피를 흘리게 한 자였다.

다윗 이야기에는 베푸는 삶을 살려는 자들에게 가르쳐 줄 만한 교훈이 있다. 재력과 영향력이 있는 사람들은 대개 확고한 의지를 가진 자들이다. 누구로부터, 심지어 하나님으로부터도, 안 된다는 말을 듣는 데 익숙지 않은 자들이다. 그래서 하나님의 인도가 내 뜻과 다른 방향으로 인도하실 때 타고난 의지력이 걸림돌이 되지 않도록 하기 위해 우리는 무엇을 할 수 있을까? 다윗의 이야기에 몇 가지 단서가 들어 있다.

하나님이 안 된다고 하시자 다윗 왕은 공손히 받아들였다. 그는 아들 솔로몬에게 일을 넘겼다. 내막을 전부 알 수는 없지만 다윗이 이 일을 위해 솔로몬을 준비시키는 모습을 성경에서 대강이나마 볼 수 있다. "여호와께서 너를 택하여 성소의 전을 건축하게 하셨으니 힘써 행할지니라"(대상 28:10). 다윗은 성전의 비전을 남의 손에 내주었다(참고. 대상 28:11-19). 부자간의 숭고한 인수 인계—적지 않은 아버지들이 이 부분을 서투르게 처리했다—였던 것이다.

다윗은 또 애써 자기 주머니를 털어 엄청나게 많은 양의 기초 건축 자재를 조달했다. 그 결과 다윗은 이스라엘 온 백성에게 자기 본을 따르라고 도전할 수 있었다. 다시 말해, 후대 왕의 지도하에 성전을 지으라는 다윗의 대국민 촉구는 자신의 후한 드림으로 시작되었다.

성전 건축의 공은 솔로몬에게 돌아갈 것이다. 그러나 많은 경우에 그렇듯이 '여호와의 집'의 배후에도 꿈을 품은 한 노인이 있었다. 다윗은 백성들로 하여금 하나님과 동행한다는 그들의 삶의 핵심을 기릴 수 있는 한 장소, 영적 중심지를 꿈꿨다.

장차 성전은 이스라엘 신앙 여정의 고락을 경험할 것이다. 그러나 예루살렘 삶의 중심에 서 있는 성전은 오랜 세월 동안 꿈과 베푸는 마음을 품었던 한 남자를 상기시켜 줄 것이다. 이스라엘은 그 유익을 누릴 것이다. 이 기사를 보며 우리는 묻는다. "다른 이들과 함께, 또 그들을 통해 후세대에 가치를 심어 줄 꿈은 무엇인가?"

도둑이다!

[여호와께서 이르시되] 사람이 어찌 하나님의 것을 도적질하겠느냐. 그러나 너희는 나의 것을 도적질하고도 말하기를 우리가 어떻게 주의 것을 도적질하였나이까 하도다. 이는 곧 십일조와 헌물이라.

말라기 3:8

구약 선지서의 공통된 주제는 회개하고 돌아오라는 것이다. 그러나 옛 선지자들의 말에 저항한 이들은 이렇게 소리칠 때가 한두 번이 아니었다. "무엇을 버리고 어디로 돌아오라는 말인가?"

의사가 신체의 환부와 감염 부위를 만져 환자를 진단하듯이, 말라기도 이스라엘의 영적인 질병을 진단하였다. 그는 재정 영역을 진단했다. "사람이 어찌 하나님의 것을 도적질하겠느냐. 그러나 너희는 나의 것을 도적질하고도." 모호할 것이 전혀 없는 말이다. 말라기는 곧바로 이스라엘 유력자들의 재정 장부로 들어갔다. 그의 말은 하나님의 말씀이었다. "너희는 하나같이 다 도둑이다."

반항자들은 깜짝 놀라 대들며 따진다. "우리가 어떻게 주의 것을 도적질하였나이까?" 그러자 말라기는 재빨리 하나님의 대답을 내놓는다. "이는 곧 십일조와 헌물이라. 너희 곧 온 나라가 나의 것을 도적질하였으므로 너희가 저주를 받았느니라."

우리는 혹 하나님을 무시할 때가 있을까? 어쩌다 하나님을 실망시킬 때가 있을까? 대부분 그렇다고 인정할 것이다. 그분의 은혜를 무심코 남용할 때가 있을까? 인정하며 고개를 끄덕이게 된다. 하지만 **그분의 것을 도적질한다**? 이것은 고발을 듣는 우리가 질겁할 정도로 엄중하기 짝이 없는 문책이다.

말라기 시대에 하나님은 이스라엘 백성들에게 엄격한 회계 기준을 적용하셨다. 그들은 소유의 십분의 일을 하나님께 돌려드려야 했다. 이러한 단도직입적인 명령이 내려지자, 숫자가 효력을 발휘하며 영적 불순종이 숫자로 측정되었다. **이스라엘은 하나님의 것을 도적질하고 있었다.**

오늘날 그리스도를 따르는 우리는 자신이 측정할 수 있는 차원의 영성을 넘어섰다고 생각하는 경향이 있다. 영성은 숫자가 아니라 사랑으로 측정된다고 말한다. 하지만 우리는 이런 주장을 조심해야 한다. 사랑은 드리는 자들에게 십일조를 훨씬 능가하는 기준을 요구하기 때문이다. 사랑이 기준이 되면 드림은 희생으로 측정된다. 이러한 새로운 측정 방법으로 인해 우리는 하나님께 더 많이 드리고자 기꺼이 갖지 않고 행하는 것이다. 에너지, 재산, 권리, 특권을 자발적으로 포기하는 것이다.

> 사랑은 드리는 자들에게 십일조를 훨씬 능가하는 기준을 요구한다.

하나님을 사랑하는 이들은 절대 그분의 것을 도적질하다가 들킬 일이 없다. 적어도 그렇게 되길 바라지는 않는다. 그러나 말라기가 이 문제에 대해 이야기하는 바에 다시 한 번 귀기울이는 것은 현명한 일이다. 우리에게 주는 말씀일 수도 있다는 가능성에 마음을 열어야 한다.

돈으로 장사하라

> 저희가 이 말씀을 듣고 있을 때에 [예수께서] 비유를 더하여 말씀하시니 이는 자기가 예루살렘에 가까이 오셨고 저희는 하나님의 나라가 당장에 나타날 줄로 생각함이러라.
>
> 누가복음 19:11

제자들은 마지막까지 예수님이 말씀하시는 하나님 나라의 본질을 계속 혼동하였다. 하나님 나라를 지난 날 이스라엘의 정치적, 군사적 영광이 회복되는 유대인들만의 나라로 생각한 제자들이 많았다.

예수님은 위대한 스승이셨음에도 불구하고 제자들의 마음은 그분이 보여 주신 영적 실체에 저항할 때가 많았다. 그들은 남자와 여자, 유대인과 이방인, 부자와 가난한 자 할 것 없이 믿는 자는 누구나 들어가는 나라의 개념을 받아들이기 어려웠다. 하나님 나라는 하나님의 아들의 권위에 순종하는 자들의 영적인 나라라는 사실을 깨닫지 못했다.

혼동에 빠진 그들에게 예수님은 또 다른 이야기를 들려주셨다. 왕가의 한 귀인이 아버지처럼 왕이 되려 하였다. 그러나 먼저 먼 나라 황제의 승인을 얻어야(예수님의 말씀을 듣는 자들은 로마 황제를 연상했을 것이다) 권력을 얻을 수 있었다. 그래서 그는 '먼 나라'로 떠날 채비를 하였다.

떠나기 전 귀인은 종들을 모아 놓고 자신이 가져갈 수 없는 부를 조금씩 나눠 주며 재산 관리를 맡겼다. 그는 "내가 돌아오기까지 장사하라"(눅 19:13)고 말하였다.

이 명령에는 몇 가지 내용이 암시되어 있다. 돈은 종들의 것이 아니었다. 그들은 그 돈의 관리를 맡았을 뿐이다. 둘째, 종들은 돈을 투자할 좋은 방법을 찾아내 투자 수익을 남겨야 했다. 셋째, 그들은 언젠가는 돈을 사용한 내역을 보고해야 했다.

자신이 맡은 귀인의 돈을 종들이 어떻게 했는지는 아무도 모른다. 미개발 토지를 사서 개발한 사람도 있을 것이고, 상가를 매입했다 되팔아 이익을 본 사람도 있을 것이고, 낙타를 사서 운수업을 벌인 사람도 있을 것이다.

종들이 돈을 투자해 귀인의 소유권 내지 임재를 확립한 곳마다 그의 나라가 되었다. 다시 말해 귀인의 왕국은 (적어도 당장은) 정치적 국경선이 있는 나라가 아니라 확립된 권위의 나라였다. 백성들이 그의 자원을 써서 그의 이름으로 일해 그의 영광을 위해 이익을 남기는 곳이 곧 그의 나라였다.

> 종들이 돈을 투자해 귀인의 소유권 내지 임재를 확립한 곳마다 그의 나라가 되었다.

참 왕이신 그분이 다시 오실 때까지 그것이 하나님 나라의 본질이라고 예수님은 제자들에게 말씀하셨다.

베푸는 삶을 살려는 자들은 더도 말고 덜도 말고 다시 오실 왕을 위해 일하는 종들이다. 부와 자원과 영향력은 왕의 것이다. 그것을 절대 잊어서는 안 된다. 우리는 그분의 뜻을 위해 그분의 이름으로 그것을 사용한다. 그것이 우리의 궁극적인 목표다.

하나님 나라의 능력을 나누다

귀인이 왕위를 받아 가지고 돌아와서 은 준 종들의 각각 어떻게 장사한 것을 알고자 하여 저희를 부르니.

누가복음 19:15

자리를 비운 귀인과 열심히 일하는 종들의 비유를 보면 귀인이 왕위를 받아 돌아온 후의 대목이 대부분을 차지한다. 그가 돌아오자 종들이 불려 나가 대대적인 결산이 시작된다. 종마다 자기 장부를 펼친다. 비유에는 세 사람이 나온다.

첫째 종은 열 배로 이익을 남겼다고 보고한다. 정말 대단하다! 보답과 사의로 왕은 종에게 열 고을을 다스릴 권세를 준다. 넘치도록 과분한 이례적 보상이라 할 수 있다.

둘째 종도 잘하였다. 그는 다섯 배의 수익을 보고한다. 역시 왕은 그에게 다섯 고을 관리권을 후히 하사한다.

그 때 셋째 종이 나타난다. 이 사람의 관점은 대단히 잘못되어 있다. 그의 해명을 요즘 말로 풀어 보면 이런 것이다. "저는 맡겨 주신 것을 안전하게 숨겨 두었습니다. 당신은 엄하고 가혹한 왕인지라 괜히 모험하다 원금을 까먹느니 차라리 원금대로 돌려드리는 것이 낫겠다고 생각했습니다."

비유 속의 왕은 셋째 종이 말한 그대로 엄하게 반응하였다. 처음 나타난 두 종들에게 주어진 보상이 이례적으로 후했던 만큼 이 종이 받은 처벌도 혹독하였다. 사실 다른 복음서의 비슷한 비유에 보면 그는 "바깥 어두운 데로" 쫓겨났다.

이런 얘기를 읽으며 그 메시지를 묵상할 때 우리도 하나님 나라의 종임을 깨달아야 한다. 하나님이 은혜로 맡겨 주신 것을 우리는 매우 신중하고 두려운 마음으로 사용해야 한다. 그것은 하나님 나라를 확장하고 세우라고 주신 것이다. 하나님 나라란 예수 그리스도의 권위와 능력이 체험되는 곳이다.

하나님 나라란 바로 그리스도의 사랑을 체험하는 곳, 그리스도의 말씀을 듣고 믿게 되는 곳, 그리스도의 은혜를 받아들이는 곳, 사람들의 삶이 영원히 변하게 되는 곳이다. 약한 자, 병든 자, 혜택받지 못한 자, 집 없는 자, 고통받는 자를 예수님의 이름으로 어루만질 때 하나님 나라의 능력이 역사한다. 그것이 종들이 하는 일이다. 왕이 돌아오시면 그런 충성된 자들을 크게 기뻐하시며 "잘했다, 나의 착한 종아" 하시며 상을 주신다.

후속 조치

이제는 행하기를 성취할지니 마음에 원하던 것과 같이 성취하되 있는 대로 하라.

고린도후서 8:11

선한 의도에서 끝나는 종교를 조심하라. 그것이 고린도 교인들의 상태였다. 그들은 바른 일을 말하고 시작하는 데까지는 능했다. 그러나 그들은 끝을 잘 맺는 자들이었던가? 베푸는 삶에 관한 한 아니었다.

바울은 고린도 교인들이 드리기를 먼저 시작했을 뿐 아니라 원하기도 했다고 말했다(참고. 고후 8:10). 그러나 그것은 1년 전이었다. 문제는 **후속 조치가 없었다**는 것이다. 작년에 고린도 교인들은 선한 의도로 충만했을 것이다. 뜨거운 열정과 관심도 보였을 것이다. "뭔가 해야만 해"라는 그들의 말이 들리는 듯하다. 그리고 모두 동의하였다.

1년 후 고린도 교인들은 열정이 크게 식어 자극이 필요했다. 바울은 그들의 '원함'을 칭찬하면서도 "행함 없는 원함이 무슨 소용이냐"고 여러 번 물었다.

바울은 고린도 교인들에게 다른 사람의 더 큰 유익을 위해 전부를 버리라고 권하지 않았다. 다만 신자들 간에 어느 정도의 형평을 보고 싶었을 뿐이다. 그는 여유 있는 자들이 다른 이들을 돌봐 주기 원했다.

사도 바울의 뜻깊은 말은 우리의 의도와 약정을 돌아보게 한다. 특권층 사람들과 함께 모금 행사나 수련회나 연회에 참석하는 것은 비교적 쉬운 일이다. 그러나 바울은 정곡을 찌른다. 베풂에 대해 말하는 것만으로는 충분하지 않으며 실제 행동이 따라야 한다는 것이다.

"고린도 사람들아, 행하기를 성취하라." 당시와 오늘의 모든 그리스도인들에게도 비슷하게 말할 수 있다. 하나님이 당신에게 하라고 주신 일을 끝까지 행하라. 그렇게 하지 않는 것은 하나님께 서원한 바를 깨뜨리는 것이다. 그렇게 하지 않는 것은 다른 이들을 쓸데없이 고생시키는 것이다.

제3부

확고한 믿음

너는 마음을 다하여 여호와를 의뢰하고
네 명철을 의지하지 말라.
너는 범사에 그를 인정하라.
그리하면 네 길을 지도하시리라.

잠언 3:5-6

물질이 많아질수록 영적으로 하나님을 의지하기가 더 힘들어진다는 것은 삶의 커다란 아이러니 중 하나다. **물건**과 **돈**은 이처럼 교활하게 인간의 영혼을 에워싸며 참된 가치와 진정한 안전이 물질 속에 있다는 비뚤어진 신화를 속삭인다.

우리는 돈이 없을 때는 "1억만 모을 수 있다면 단 한 푼도 더 바라지 않을 텐데"라고 말한다. 그러나 정작 1억을 모으면 2억에 대한 갈증이 생기는 이들이 많다. 그리고 그 후로도 대개 멈출 줄을 모른다. 이러한 이유로 인해 베푸는 삶의 훈련이 없이 심령의 참된 만족과 부의 축적을 경험하기란 사실상 불가능하다.

성경에는 정부, 사업, 군대 요직 등 중요 인물들에 대한 놀라운 이야기들이 나온다. 그 시대와 문화에 비교해 볼 때 이들은 누가 봐도 부자였다. 그러나 성경에는 이름 없는 사람들의 이야기도 실려 있다. 거의 무일푼으로 죽음을 준비하던 과부, 굶주림에 허덕이는 성 밖에서 살아가던 문둥병자들, 유산을 놓고 다투던 형제 등이다. 이런 이야기들을 읽다 보면 **그것이 내 이야기일 수도 있다**는 동질감을 느끼게 된다. 하나님은 언제나 이런 문제에 대한 우리 시각을 건드리신다. 생각하고 또 생각할 수밖에 없도록 사정없이 우리를 불편하게 만드신다.

다시 삶의 아이러니로 돌아가서 생각해 볼 때, '작은' 사람들이 오히려 하나님이 그 백성에게서 바라시는 믿음에 앞서고, '큰' 사람들은 탐심과 축재가 끌어당기는 힘에서 헤어나지 못하는 경우가 비일비재하다. 물론 예외도 있다. 그러나 우리가 스스로 예외라고 자처하기 전에 과부와 문둥병자 같은 이들이 들려주는 교훈을 묵상해 보는 것도 유익할 것이다.

진리의 말씀을 받아들이다

여인이 엘리야에게 이르되 내가 이제야 당신은 하나님의 사람이시요 당신의 입에 있는 여호와의 말씀이 진실한 줄 아노라 하니라.

열왕기상 17:24

엘리야는 이스라엘 최고의 선지자였다. 불의와 타협할 줄 모르는 용감한 선지자다! 훌륭한 선지자들이 그러했듯 그 또한 왕들을 격노케 하였다. 누군가의 말처럼 왕에게 박수갈채를 보내는 것은 절대 선지자의 일이 아니다. 선지자는 왕의 잘못을 지적할 뿐이다.

엘리야는 바로 그 일에 능하였다. 당시 아합은 사마리아에 수도를 둔 이스라엘의 왕이었다. 이스라엘은 예루살렘에 수도를 둔 유다에서 갈라져 나온 나라였다. "아합이 그 전의 모든 사람보다 여호와 보시기에 악을 더욱 행하여"(왕상 16:30). 엘리야는 즉각 행동에 나서 하나님 말씀으로 아합 왕에게 경고하였다. "내[엘리야의] 말이 없으면 수년 동안 우로가 있지 아니하리라"(17:1). 얼마나 대담무쌍한가! 곧 나라에 기근이 임하여 온 백성이 왕이 저지른 영적 반역의 대가를 치르게 되었다.

엘리야는 하나님의 지시대로 피신하였다. 그릿 시내가 마르자 엘리야는 사르밧으로 갔다. 그 곳에서 하나님은 "내가 그 곳 과부에게 명하여 너를 공궤하게 하였느니라"(왕상 17:9)고 말씀하셨다.

엘리야는 과부를 만나 마실 물과 떡 한 조각을 구하였다. 과부는 물은 선뜻 주었으나 요청한 음식에 대해서는 난색을 표하였다. "나는 떡이 없고 다만 통에 가루 한 움큼과 병에 기름 조금뿐이라. 내가 나뭇가지 두엇을 주워다가 나와 내 아들을 위하여 음식을 만들어 먹고 그 후에는 죽으리라"(17:12).

엘리야는 두려워 말라(17:13)고 말한 뒤 가루와 기름이 떨어지지 않을 것이라고 약속하며 먼저 자기 먹을 것을 만들어 달라고 하였다. 과연 가루와 기름이 그대로였다. "여호와께서 엘리야로 하신 말씀같이 통의 가루가 다하지 아니하고 병의 기름이 없어지지 아니하니라"(17:16).

사연과 사연마다 하나님의 신실하심을 접할수록 그분의 복에 대한 성경의 교훈은 더욱 색이 짙어진다. 그분은 계속해서 우리를 놀라게 하신다. 여기 하나님은 왕들과 사업가들을 제쳐두고 약하고 미천한 자의 극단적 상징인 한 과부의 삶에 주목하신다. 순종하여 베풂으로 과부는 하나님 앞에 은총을 얻고 기근이 다하도록 돌보심을 입었다.

그러나 과부가 마침내 "내가 이제야 당신은 하나님의 사람이시요 당신의 입에 있는 여호와의 말씀이 진실한 줄 아노라"(17:24)고 고백한 것은 엘리야가 죽은 아들을 다시 살리고 나서였다. 왕들이 죄악에 앞장서던 칠흑같이 어두운 세상에서 '진리를 깨우친' 자는 한 과부였다. 과부에게 있는 것이라곤 조금뿐인 가루와 기름이 전부였다. 그러나 후히 베풂으로 인해 그녀는 영안의 복을 얻었다. 이것이 베푸는 삶의 길이다.

나누라고 주신 복

문둥이가 서로 말하되 우리의 소위가 선치 못하도다. 오늘날은 아름다운 소식이 있는 날이어늘 우리가 잠잠하고 있도다.

열왕기하 7:9

북이스라엘의 이야기 중에 수도 사마리아의 포위보다 서글픈 일은 별로 없다(참고. 왕하 6:24-33). 침략군이 도시를 옥죄면서 온 백성의 굶주림이 계속되었다. 왕은 사태를 하나님 탓으로 돌리며 엘리야의 후계자인 선지자 엘리사의 머리를 베려고 그를 수색하였다.

그런 와중에도 엘리사는 왕에게 예언을 전하였다. 몇 시간만 있으면 도시가 해방된다는 것이었다.

성문 어귀에 살던 네 명의 굶주린 문둥병자가 선지자의 그러한 말을 들었다. 어차피 죽음을 목전에 둔 그들인지라 침략군의 진으로 나가 음식을 구걸할 만한지 살피는 것도 손해는 아니라는 생각이 들었다. "저희가 우리를 살려 두면 살려니와 우리를 죽이면 죽을 따름이라"(7:4)고 생각한 것이다.

적진에 이르니 텅 비어 있고 식량과 의복과 은금이 그대로 사방에 널려 있었다. 이제 모두 그들의 것이나 다름없었다. 잠시 그 물건을 챙기다가 한 사람이 말하였다. "우리의 소위가 선치 못하도다. 오늘날은 아름다운 소식이 있는 날이어늘 우리가 잠잠하고 있도다"(7:9).

사마리아 성은 이 '기쁜 소식'을 불신으로 받아들였다. 그러나 정탐을 거쳐 곧 포위가 걷히고 식량이 넘친다는 말이 퍼져나갔다.

여기 나눔에 관한 또 한 가지 중요한 교훈이 있다. 본문의 네 문둥병자는 한순간에 극한 가난에서 넘치는 부로 비약했는데, 그것은 전적으로 그들이 과감히 적진을 살폈기 때문이다. 다 감춰 두고 자기들만 호사하려던 그들의 처음 본능은 "이제 떠나 왕궁에 가서 고하자"(7:9)는 더 나은 생각으로 바뀌었다.

단순한 이야기 속에 베푸는 삶의 핵심 진리가 들어 있다. 기상천외하게 축복받은 소수의 거지들은 그 부로 자기들 배만 불릴 수 없었다. **그들은 받은 것을 나눠야만 했다.**

우리 모두에게는 탐심의 '유전자'가 있어 하나도 나누지 않고 모두 움켜쥐려 한다. 하지만 오늘 이야기를 읽고 또 읽으며 늘 기억해야 할 사실이 있다. 복이란 언제나 나누라고 주신 것이다.

하나님이 침묵하실 때도 신뢰하기

욥이 그 벗들을 위하여 빌매 여호와께서 욥의 곤경을 돌이키시고 욥에게
그전 소유보다 갑절이나 주신지라.

욥기 42:10

패가망신한 사람들의 사연을 우리는 모두 잘 알고 있다. 부고 맨 마지막 줄에 '이름 없이 가난하게 잠들다'라고 적히는 경우도 있다. 그러나 욥은 아니었다!

욥기 1-40장을 보면 욥은 인간이 상상할 수 있는 고난을 거의 다 당하였다. 과중한 스트레스에 짓눌린 듯 보일 때도 더러 있었지만 욥은 절대 꺾이지 않았다. 자기 회의에 빠져 하나님에 대한 관점이 달라질 수 있는 이유가 얼마든지 있었지만 그는 변치 않았다.

베푸는 삶을 살려는 자는 누구든지 욥의 여정을 알아 두는 것이 좋을 것이다. 주어진 환경을 넘어서는 위대한 영혼을 지녔던 한 옛 사람의 메시지가 여기 있다. 사탄은 확실히 답을 얻었다. 욥은 편할 때나 힘들 때나 하나님을 경외하였다. 겨룰 상대가 아니었다!

이 놀라운 책의 막바지에 이르면 두어 가지 묵상의 요지가 나타난다. 우선 하나님은 욥에게 그 모든 일이 벌어진 **이유**를 말씀하시지 않는다. (우리는 안다. 하지만 우리는 욥이 아니며 그 자리에 있지 않았다.) 욥의 모든 고뇌는 하나님이 욥의 성품을 시험하시는 신기한 대화를 통해 시작된다. 하나님이 욥에게 이렇게 말씀하셨다면 얼마나

좋으랴. "이제 다 끝났으니 어떻게 된 내막인지 다 말해 주마." 그러나 욥은 자기가 겪은 일에 대한 합리적 설명을 전혀 듣지 못한 채 계속 하나님을 의지하며 여생을 보내야 했다.

더 중요한 것은 욥이 다시 부자가 됐다는 것이다. "욥이 그 벗들을 위하여 빌매 여호와께서 욥의 곤경을 돌이키시고 욥에게 그전 소유보다 갑절이나 주신지라"(42:10). 이것은 무엇을 말하는가? 첫째, 부란 언제나 우연의 소산이나 성실한 노동의 결과만은 아니라는 사실이다. 적어도 욥의 경우 하나님이 인간에게 부를 부어 주신 것은 그가 신실함을 보였기 때문이다.

둘째, 부가 주어진 것은 단지 욥이 고난을 견뎌 내었기 때문이 아니라 친구들을 위해 기도했기 때문이다. 그것은 단순한 기도가 아니라 은혜의 중보 기도였다. 욥은 이 '친구들'에게 은혜를 빌어 줄 이유가 전혀 없었다. 욥이 힘들 때 그들이 한 일이라곤 불난 데 부채질한 것밖에 더 있는가. 그래도 욥은 기도를 통해 그들이 잘 되기를 빌었고 하나님이 그들에게 자비를 베풀어 주시기를 구하였다. 분명 욥은 그들에게 조금도 앙심을 품지 않았다.

마음에 새겨 둘 중요한 교훈이 두 가지 있다. 첫째, 우리의 모든 소유는 성실한 노동 못지않게 하나님의 섭리 덕이다. 열심히 일하는데도 재산이 늘지 않는 이들이 있음을 잊지 말라. 둘째, 인간이 할 수 있는 모든 가시적 일들보다 은혜에 찬 마음이 더욱 하나님의 자비를 불러일으킨다는 것을 절대 잊어서는 안 된다.

만족함이 있는가?

은을 사랑하는 자는 은으로 만족함이 없고 풍부를 사랑하는 자는 소득으로 만족함이 없나니.

전도서 5:10

성경 기자들이 돈을 멸시했다고 말한다면 그것은 분명 틀린 말이다. 오히려 돈에는 인간을 홀려 노예로 만드는 위력이 있음을 그들은 잘 알고 있었다.

만족과 자족은 하나님의 사람들의 증표다. 거기에 **하나님을 알고 창조 세계를 누리려는** 굶주림과 갈급함이 조화를 이룰 때 그리스도인의 삶에는 건강한 긴장이 생겨난다. 그러나 돈을 사랑하면 그 긴장이 깨지게 된다. 그것은 돈이 조금만 더 있으면 권력과 매력과 행복을 얻을 수 있다고 약속하는 강한 유혹으로 발전한다.

전도서 기자는 이 사실을 잘 알고 있었다. "돈을 사랑하라, 아무리 가져도 족한 줄 모를 것이다"라고 말한다. 만족을 가져다 주는 돈의 위력은 잠깐뿐이며 어제의 만족 수준을 유지하려면 다른 수를 써야만 한다. 그것은 물론 더 많은 돈을 얻는 것이다. 기자는 그것이 패하는 게임이라는 것을 우리에게 알려 주고자 하였다.

몇 구절 뒤에 그는 "내가…보았나니 곧 소유주가 재물을 자기에게 해되도록 지키는 것이라"(5:13)고 말한다. 시체가 식기만 기다리는 독수리처럼 탐욕스런 측근에 둘러싸여 요란한 법정 소송 속에 고독하게 죽어가는 거부들이 얼마나 많은가.

　우리는 어떻게 돈을 사랑하는 자리에서 돈을 다스리는 자리로 옮겨 갈 것인지 자문해야 한다. 해답은 다음에서 시작된다. 하나님을 더욱 사랑하는 것이다. 그리고 하나님이 사랑하시는 것들을 더욱 사랑하는 것이다. 그리고 자신의 돈을 하나님의 관심과 애정이 머무는 상황과 연결시키는 베푸는 삶의 참된 길을 찾는 것이다.

　전도서 기자에 따르면, 베푸는 삶을 살려는 자들이 다른 것은 다 잊어도 한 가지 잊지 말아야 할 것이 있다. 부에 집착하라, 그러면 별 볼 일 없는 삶이 보장될 것이다. 하나님 나라의 목표를 위해 부를 다스리라, 그러면 기쁨의 삶을 특권으로 누리게 될 것이다.

제자도의 결론

한 서기관이 나아와 예수께 말씀하되 선생님이여 어디로 가시든지 저는 좇으리이다. 예수께서 이르시되 여우도 굴이 있고 공중의 새도 거처가 있으되 오직 인자는 머리 둘 곳이 없다 하시더라. 제자 중에 또 하나가 가로되 주여 나로 먼저 가서 내 부친을 장사하게 허락하옵소서. 예수께서 가라사대 죽은 자들로 저희 죽은 자들을 장사하게 하고 너는 나를 좇으라 하시니라.

마태복음 8:19-22

흔히들 말하는 대로 예수님은 자원하는 자들을 측근에 받아들이신 적이 없다. 측근 제자들은 모두 그분이 직접 뽑아 택하신 자들이다. 여기 선심이라도 쓰듯 자신을 드리려 했던 몇 사람의 이야기가 간략히 소개된다(눅 9:57-60에도 나온다).

두 경우 모두 예수님은 그들이 아직 준비되어 있지 않다는 점을 분명히 하셨다. 예수님의 말씀을 잘 생각해 보면 그분이 그들의 마음속에서 남들이 미처 보지 못한 것을 보셨음을 알 수 있다.

첫 번째 사람은 육체적 안락 즉 **물질**의 문제가 있었던 듯하다. 예수님이 그에게 주신 대답 속에 결론이 나타난다. "나는 아무것도 가지고 있지 않다. 무엇을 생산하지도 않는다. 내 주변에 머물러서 부자가 되는 사람은 아무도 없다." 그분의 무리에 끼어들어 재정적 이익을 볼 생각이 그에게 조금이라도 있었다면 이 말씀을 듣고 기대가 완전히 무산되었을 것이다.

오늘도 주님의 '제자들' 중에는 뭔가 얻기를 바라고 그분 곁에 오는 자들이 적지 않다. 꼭 돈이 아니라도 명예, 존경, 사회적 지위가 될 수도 있다. 속으로 이렇게 생각하는 이들도 있다. '내가 하나님께 충실하면 그분도 재정적으로 나한테 갚아 주시겠지. 사업이 잘 되겠지. 지갑이 두둑해지겠지. 수입이 늘겠지.' 다시 생각하라!

주님을 좇았던 한 훌륭한 제자는 "우리가 따르는 구주는 십자가에 달려 벌거벗겨진 분이시다"고 말한 바 있다. 종이 상전보다 나을 수 없다. 결론은 이것이다. 우리는 타산적 동기로 그리스도를 따르지 않는다.

두 번째 제자는 우선 순위 문제가 있었다. 그래서 예수님은 거기에 맞게 답하셨다. 삶의 모든 일상적 일들과 관습에 얽매일 것이라면 너는 다가오는 하나님 나라를 세우는 당면 과제에 합당한 자가 아니다.

냉정한 반응이라 말할 자들도 있으리라. 그러나 이것이 주님의 전형적인 모습이다. 특권을 누리며 편안하게 살아가는 이들에게 늘 그분은 좀더 높은 기준을 제시하신다. 돈과 재물과 특권과 안락이 참 주인은 아닌지 마음을 시험하시려는 것이다. 예수님과 모든 물질적인 것들을 똑같이 섬길 수는 없다. 한쪽이 우위를 차지하게 되어 있다. 그것을 결단하기 전까지는 아무도 제자가 될 수 없다.

탐심을 물리치라

무리 중에 한 사람이 이르되 선생님 내 형을 명하여 유업을 나와 나누게 하소서 하니 이르시되 이 사람아 누가 나를 너희의 재판장이나 물건 나누는 자로 세웠느냐 하시고 저희에게 이르시되 삼가 모든 탐심을 물리치라. 사람의 생명이 그 소유의 넉넉한 데 있지 아니하니라 하시고.

누가복음 12:13-15

그 날도 큰 무리가 모여 사방이 어수선하였다. 무리의 선봉에서는 늘 대화가 오갔으며 예수님 같은 교사들은 그런 데 익숙해 있었다. 질문도 있었고 비판도 있었다. 머리싸움이 치열하였다. 교사(또는 랍비)는 미결 분쟁의 재판관으로 추앙받았으므로 판결 요청도 빼놓을 수 없었다.

이 말씀이 단적인 예다. 두 형제는 분명 다투고 있었다. 최근 집안에 장례가 있었는지 유산 상속 분쟁을 벌인 것이다. 형은 당시의 관습상 집안의 유산을 전부 독차지하였다. 모든 것은 장남 몫이었다.

이 사건의 원고인 동생은 유산의 지분을 요구하였다. 그러나 형의 은혜나 베풂에 호소하는 것 외에 달리 방도가 없었다. 그런데 그것이 잘 통하지 않았던 모양이다.

다급해진 동생은 예수님께 호소하였다. 그의 말이 들리는 듯하다. "제 대신 말 좀 해주십시오. 형은 선생님을 좋아하니 말씀을 들을 것입니다."

그러나 어찌된 영문인지 예수님은 그 부탁을 거절하셨다. 왜 그러셨을까? 그분의 사명과 우선 순위에 맞지 않았기 때문이다. 대신 그분은 이 일을 계기로 삼아 베푸는 삶을 살려는 모든 이들이 중심에 기억해야 할 말씀을 한 마디 하셨다.

그분의 원리는 이것이다. **모든 종류의** 탐심을 물리치라. 이 경우 두 종류의 탐심이 있었다. 전부 독차지하려 한 형의 탐심과 유산의 일부를 얻어 내지 못해 안달인 동생의 탐심이다. 두 사람 모두 돈 때문에 형제 관계는 물론 다른 가족들과의 관계까지도 아랑곳하지 않았다.

은행 잔고를 늘려 물불 안 가리고 지키려는 욕망인 탐심은 가장 파괴적인 충동 중 하나다. 탐심은 으레 분쟁과 패륜과 소외를 부른다. 탐심은 아무리 가져도 족하지 않으며, 돈은 모든 문제의 해답이며 부는 인간 가치의 핵심이라고 믿는 우리 존재의 가장 어두운 부분에서 비롯된다.

마치 군인에게 경계 등급을 최고로 높이라고 하시듯이 예수님은 삼가 조심하라고 말씀하신다. 그렇게 하심으로 예수님은 우리에게 탐심의 본질에 대해 경고하신다. 탐심은 마음을 갉아먹는 고도의 파괴적 세력이다. 그리스도의 제자로서 아무리 성숙한 자일지라도 조금만 방심하면 탐심의 끌어당기는 힘에 넘어갈 수 있다.

배가되는 풍요

> 또 비유로 저희에게 일러 가라사대 한 부자가 그 밭에 소출이 풍성하매 심중에 생각하여 가로되 내가 곡식 쌓아 둘 곳이 없으니 어찌할꼬 하고.
> 누가복음 12:16-17

예수님은 듣는 자들에게 한 부자가 횡재를 만났다고 말씀하신다. 그분 곁에서 듣고 있던 이들은 그 부자가 누구인지 짐작하고 있었을지도 모른다. 손익 계산서를 살펴보던 부자는 어마어마한 수익 앞에 중대한 질문을 던진다. 어찌할꼬? 때로 필요 이상의 재산이 수중에 들어올 때 그것을 어떻게 처리할 것인가?

베푸는 생활 방식의 철학대로 한다면 이 사람은 그 돈을 당장 세상을 이롭게 하는 쪽으로 투자했어야 한다. 갈 곳 없는 자들이 집을 얻을 수도 있었다. 가난한 이들이 교육을 받을 수도 있었다. 병든 아이들이 의료 혜택을 입을 수도 있었다. 예배 처소를 지을 수도 있었다. 박물관이나 공연장을 열 수도 있었다.

풍성한 재물의 축복이 이런 식으로 분배된다면 한 사람의 풍요가 많은 사람의 풍요로 배가된다. 우리는 모두 서로에게 형제와 자매이다.

안타깝게도 "어찌할꼬" 자문하던 그 부자에게는 그런 선택이 안중에도 없었다. 그러나 베푸는 자들도 언제나 그 질문을 던진다. 예수님의 제자들인 우리는 이 질문에 대한 답이 우리가 선뜻 하나님의 답을 들으려 하는 만큼 우리에게 주어진다는 사실을 안다.

재물에 소망을 두지 말라

네가 이 세대에 부한 자들을 명하여 마음을 높이지 말고 정함이 없는 재물에 소망을 두지 말고 오직 우리에게 모든 것을 후히 주사 누리게 하시는 하나님께 두며 선한 일을 행하고 선한 사업에 부하고 나눠 주기를 좋아하며 동정하는 자가 되게 하라. 이것이 장래에 자기를 위하여 좋은 터를 쌓아 참된 생명을 취하는 것이니라.

디모데전서 6:17-19

모든 특권과 축복에는 유혹이 함께 온다. 지혜로운 이들은 그것을 알기에 그런 유혹을 재빨리 찾아내어 물리치기 위해 노력하였다. 바울은 물질의 복을 받은 이들에게 가장 흔한 두 가지 유혹이 교만한 태도와 부를 모든 문제의 해결로 믿는 성향이라고 간파하였다.

교만과 자만. 이것은 (의식적으로든 무의식적으로든) 내가 남들보다 더 많이 알고 더 많은 것을 할 수 있고 더 가치 있는 존재라고 생각하는 내면의 자세다. 부자들 가운데 자신은 법을 어겨도 되며 매사에 돈으로 해결하면 된다고 생각하는 이들이 있다. 교만 때문이다. 잠언 8:13에 **지혜**는 "나는 교만과 거만을 미워한다"고 말했다.

두 번째 유혹은 "재물에 소망을 두려고 하는" 유혹이다. 우리는 물질적으로 풍요로운 시대를 살고 있다. 그러다 보니 젊은 사람들이 거액의 돈을 모으는 일부 사업가들을 보며, 돈으로 해결하지 못할 문제는 없다고 생각하는 까닭도 이해하기 어려운 것은 아니다.

느부갓네살은 바벨론을 바라보며 두 가지 유혹에 넘어가 이렇게 말했다. "이 큰 바벨론은 내가 능력과 권세로 건설하여 나의 도성을 삼고 이것으로 내 위엄의 영광을 나타낸 것이 아니냐"(단 4:30).

성경은 "이 말이 오히려 왕의 입에 있을 때 하늘에서 소리가 내려" 그에게 심판을 선고했다고 말한다. 느부갓네살은 그 모든 것과 끊어진 채 7년을 지냈다(참고. 단 4:28-33).

과다한 물질의 복을 받은 사람들은 이 말씀을 듣고 자신의 마음과 생각을 살펴보아야 한다. 우리는 자신이 이 두 가지 유혹에 넘어갈 수 있다는 생각을 거부하기 쉽다. 그러나 우리도 날마다 유혹에 쉽사리 넘어갈 수 있다고 생각하고, 따라서 날마다 하나님께 유혹을 물리칠 수 있는 힘을 구하는 훈련을 하는 것이 안전하다.

마게도냐 교회들의 모본

형제들아 하나님께서 마게도냐 교회들에게 주신 은혜를 우리가 너희에게
알게 하노니 환난의 많은 시련 가운데서 저희 넘치는 기쁨과 극한 가난이
저희로 풍성한 연보를 넘치도록 하게 하였느니라.

고린도후서 8:1-2

성경 전체에서 후하게 베푸는 문제를 고린도후서 8-9장보다 더 아름답고 진솔하게 표현한 장은 여간해서 찾기 어려울 것이다. 기독교의 백미가 여기에 있다.

마게도냐 교회! 바울이 개척하자마자 이 작은 교회는 고생 중에서도 진가를 드러내기 시작하였다. 특히 베푸는 부분에서 그러하였다. 극한 가난과 환난 속에서도 교인들은 머나먼 유대의 어려운 이들에게 '기쁨으로' 나누기로 했다.

이 놀랄 만한 마게도냐 교인들에 대한 바울의 묘사를 우리는 눈여겨볼 필요가 있다. 바울은 그들을 참된 베풂의 모본으로 치켜세운다. **하지만 그들은 우리가 유례를 찾기 어려울 정도로 가난한 자들이었다.** 그 사실 자체가 강력한 메시지로 우리 마음에 파고들게 된다. 베푸는 삶을 부유하고 힘있는 자들의 행위와 연관시키는 것이 우리의 본능이기 때문이다. 그러나 바울은 인간에 대한 최고의 영예를 경제적으로 최하층인 사람들에게 돌린다.

그들이 어떤 형편에서 베풀었는지 바울의 기록을 잘 보라. 그들은

"많은 시련 가운데" 있었다. 심한 핍박을 두고 한 말일 것이다. 또 그들은 극히 가난했다. 그러나 그러한 시련과 극한 가난도 '얼마나 더 줄 수 있을까?' 하는 그들의 질문을 앗아 갈 수는 없었다. '넘치도록' 했다는 표현은 그림처럼 생생하게 다가온다. 땅속에서 솟아오르는 한 줄기 물이 떠오른다. 요컨대 고생하며 쪼들리는 삶 속에서 후한 베풂이 솟구친 것이다. 액수는 중요하지 않다. 정도가 중요한 것이다.

바울은 거기서 그치지 않는다. "자원하여 이 은혜와 성도 섬기는 일에 참여함에 대하여 우리에게 간절히 구하니"(고후 8:3-4). 상상해 보라! 후원 요청도, 집요한 설득도, 술수도 없었다. **다만 본인들이 원하였다. 사실 그들은 그러한 특권을 간절히 구하였던 것이다.**

마게도냐 사람들의 방법에 바울도 놀란 눈치다. "저희가 먼저 자신을 주께 드리고…우리에게 주었도다"(8:5). 누가 그들에게 그렇게 하도록 시켰던가? 누가 그들에게 그것이 덕 있는 삶이라 일렀던가? 바울은 아니다. 성령님이 하신 일일까? 아무래도 좋다. 우리는 바울이 그들의 성숙한 모습에 놀랐다는 것을 알 뿐이다.

제4부

참된 겸손

다 서로 겸손으로 허리를 동이라.

하나님이 교만한 자를 대적하시되

겸손한 자들에게는 은혜를 주시느니라.

그러므로 하나님의 능하신 손 아래서 겸손하라.

때가 되면 너희를 높이시리라.

베드로전서 5:5-6

겸손과 여호와를 경외함의 보응은

재물과 영광과 생명이니라.

잠언 22:4

제4부는 겸손이 삶의 특징을 이룬 한 사람의 이야기로 시작한다. 한 유목민 가정의 열두 형제 중 열한째인 요셉은 형제들에게 버림받아 노예로 팔려 가서 강간 미수로 거짓 고소를 당한 뒤 기약 없는 세월을 옥살이로 보냈다. 그러다 꿈 같은 전화위복으로 그는 **애굽 왕국의 제2인자**로 지명된다.

이 박진감 넘치는 전기를 주인공의 성품 차원에서 보면 어떤가? 요셉은 어려서부터 집안의 부패상을 폭로할 만큼 용감하였다. 그는 유능한 사업가로서, '기업'의 정상에 올라 상관 대신 회사를 운영하였다. 감옥에서도 요셉은 간수의 신임을 얻어 관리직을 맡게 된다. 적어도 평생에 한 번은 누구나 만나고 싶은 사람이다.

파란만장한 경험이 많았지만 그 어떤 것도 요셉에게 부정적 영향을 미치지는 못하였다. 어떤 상황에서도 요셉은 겸손을 지켰다. 오늘날 베푸는 삶을 살려는 사람들이 주목하고 본받아야 할 부분이다.

지금부터는 겸손의 자질을 살펴보고자 한다. 겸손은 베푸는 삶과 짝을 이루는 정신의 한 특성이다.

자유케 하는 용서의 능력

> 요셉의 형들이 왔다는 소문이 바로의 궁에 들리매…바로는 요셉에게 이르되 네 형들에게 명하기를…온 애굽 땅의 좋은 것이 너희 것임이니라 하라.
> 창세기 45:16-17, 20

요셉은 하나님이 애굽을 극심한 기근에서 건지시고자 쓰신 사람으로 잘 알려져 있다. 백성들을 설득해 장장 7년 동안 모든 생산량 내지 수익의 오분의 일을 비축하게 한다는 것이 얼마나 힘든 일이었겠는가? 특권과 면책을 노리는 자들이 요셉에게 뇌물을 바치려 한 적은 없을까? 요셉 본인도 사리사욕을 챙기려는 유혹을 느낀 적은 없을까? 그럴 수도 있었을 것이다. 요셉은 부정 축재를 꾀하는 자들이 무시할 수 없는 요직의 세도가였다. 그런데도 요셉은 정치가로서 **단 한 번도** 성품 시험에서 탈락한 적이 없다.

그러나 그보다 더 어려운 성품 시험이 있었다. 긴 세월 요셉의 영혼 깊숙이 응어리져 떠날 줄 모르던 시험이었다. '그를 배반한 형들이 애굽에 나타나면 어찌할 것인가? 모질게 복수할 것인가 아니면 깨끗이 화해할 것인가?' 마음에 별의별 시나리오가 다 스쳐 갔을 것이다.

이 영적 전투의 드라마를 실감하기 위해서는 창세기 42-45장을 읽어 보아야 한다. 이야기의 전개 방식과 그 배경의 역동성은 학자들과 문헌 비평가들에게 맡겨도 좋다. 그러나 우리 평범한 독자들도 내 삶의 비슷한 경험들을 떠오르게 하는 본문의 정서만은 피할 수 없다. 질문은 간단하다. "과거를 잊고 고의로 잔인하게 나의 생명을 헤치려한 자를 용서할 수 있는가?" 노예 생활, 옥살이, 고위직과 거기 수반된 모든 고생 등 그 동안 요셉이 부딪혔던 어떤 시험도 형들과의 재회만큼 그의 영혼의 힘을 정확히 판가름해 주지는 못했을 것이다.

베푸는 삶을 살려는 자들은 여기서 잠시 멈추어 묵상할 필요가 있다. 재정적 기부의 규모는 성품의 도덕적 질에 비하면 하나님께 아무것도 아님을 다시금 생각하라. 이런 문제는 가장 혐오하는 적과 화해하며 은혜를 베풀어야 할 때 최고의 시험대에 오른다. 대부분의 경우 원수를 **용서하기**(forgive)보다는 차라리 거금을 **쾌척하기**(give)가 쉬운 법이다.

> 재정적 기부의 규모는 성품의 도덕적 질에 비하면 하나님께 아무것도 아님을 다시금 생각하라.

요셉이 경악한 형들에게 자기 정체를 밝히며 하는 말을 들어보라. 그들은 요셉이 오래 전에 죽은 줄 알고 있었다. "당신들이 나를 이 곳에 팔았으므로 근심하지 마소서. 한탄하지 마소서. 하나님이 생명을 구원하시려고 나를 당신들 앞서 보내셨나이다.…하나님이 큰 구원으로 당신들의 생명을 보존하고 당신들의 후손을 세상에 두시려고 나를 당신들 앞서 보내셨나니"(창 45:5, 7). 요셉은 당분간 함께 살자고 형들을 초청하며 봉양할 것을 약속한다.

이것이 베푸는 삶의 참된 정신이다.

겸손과 지혜: 하나님이 보시는 큰 자의 표지

[스바 여왕이 솔로몬 왕에게 고하되] 내가 그 말들을 믿지 아니하였더니 이제 와서 목도한 즉 내게 말한 것은 절반도 못되니.

열왕기상 10:7

스바 여왕이 찾아올 즈음 솔로몬의 명성은 극에 달했던 것 같다. 그 소문을 들은 여왕은 "어려운 문제로 저를 시험코자"(왕상 10:1) 찾아왔다. 대화를 통해 여왕은 솔로몬이 모든 질문에 능히 답했고 어려워 설명치 못하는 것이 하나도 없다는 것을 곧 알게 되었다.

여왕의 반응은 어떠했는가? 성경 기자는 "여왕이 넋을 잃었다"(표준새번역 개정판)고 말한다. 여왕은 솔로몬에게 "내가…당신의 행위와 당신의 지혜에 대하여 들은 소문이 진실하도다"(10:6)고 말하였다. 여왕은 입에 침이 마르도록 솔로몬을 칭송하였다. "복되도다, 당신의 이 신복들이여.…당신의 하나님 여호와를 송축할지로다. 여호와께서 당신을 기뻐하사"(10:8-9). 스바 여왕이 솔로몬에게 바친 뜨거운 찬사에 버금가는 것은 성경을 모두 뒤져도 찾아보기 힘들다.

스바 여왕의 방문 시기는 솔로몬의 절정기였을 것이다. 그의 삶은 하나님의 복의 극한을 보여 주었다. 재물이 풍성했고, 영혼의 깊이와 지력이 무한했고, 사람들의 충성과 칭송을 받았으니 그 이상 더 높이 올라갈 수는 없었다. 이 모두가 초기에 솔로몬이 겸손히 지혜와 분별력을 구하였기 때문이다.

이 부분을 조심스레 읽고 인간의 위세가 한낱 신기루임을 느껴 보라. 그것은 그리 오래가지 않았다. 솔로몬은 곧 개인적인 재앙 속으로 곤두박질친다. 솔로몬의 삶은, 유복한 사람들 중에 처음에는 베푸는 자로 시작하다가 나중에는 부 자체의 가치를 훨씬 능가하는 부와 지혜의 원천을 망각하는 자들에게 주는 전형적인 교훈을 담고 있다.

악한 목자들

> 인자야 너는 이스라엘 목자들을 쳐서 예언하라. 그들 곧 목자들에게 예언하여 이르기를…자기만 먹이는 이스라엘 목자들은 화 있을진저. 목자들이 양의 무리를 먹이는 것이 마땅치 아니하냐.
>
> 에스겔 34:2

모든 재력가는 에스겔 34장을 마음에 새겨야 한다. 부유한 자들을 향한 성경의 가장 날카로운 경고 중 하나다.

여기 '이스라엘 목자들'이란 이스라엘의 왕들을 말한다. 넓은 의미로 부자들과 제사장 계층의 사람들도 목자라고 할 수 있다. 사실 에스겔 34장은 어떤 부류이든지 권력과 부를 지닌 모든 이들의 유익을 위해 기록되었다.

이 목자들의 가장 큰 특징은 무엇이었는가? 그들은 양떼가 흩어지든 말든 자기들만 챙겼다. 선한 청지기가 되어 베풀며 살려는 자들에게 주는 엄한 경고가 이 이야기 속에 들어 있다. 내가 목자(부, 권력, 영향력을 지닌 자)라면 자신에게 맡겨진 양들을 돌볼 책임이 있다. 나의 자원을 나의 이익만 챙기는 쪽으로 써서는 안 된다. 선지자는 "목자들이 양의 무리를 먹이는 것이 마땅치 아니하냐"고 외친다.

선지자는 노골적인 비유적 표현으로 목자들의 탐심을 고발한다. "너희는 살진 양을 잡아 기름을 먹으며 그 털을 입되 양의 무리는 먹이지 아니하는도다.

너희가 그 연약한 자를 강하게 아니하며 병든 자를 고치지 아니하며 상한 자를 싸매어 주지 아니하며…잃어버린 자를 찾지 아니하고 다만 강포로 그것들을 다스렸도다. 목자가 없으므로 그것들이 흩어져 모든 들짐승의 밥이 되었도다."

선지자는 탐욕과 직무 유기라는 황량한 모습을 그린다. 하나님이 우리에게서 이런 모습을 보시게 되면 안 될 텐데, 혹 이미 보고 계신 것은 아닐까? 그분은 말씀하신다. "내 양의 무리가…흩어졌으되 찾고 찾는 자가 없었도다"(겔 34:6).

때때로 우리는 모든 것을 멈추고 자문해 보아야 한다. "나는 어떤 부류의 목자인가? 내가 책임져야 될 양들은 지금 어디 있는가?" 많은 재물로 복을 받은 자들은 특권에 책임이 수반된다는 것을 안다. 우리는 하나님의 양들을 돌볼 책임이 있다. 그들은 어디에 있는가?

화해의 예물

> 그러므로 예물을 제단에 드리다가 거기서 네 형제에게 원망 들을 만한 일이 생각나거든 예물을 제단 앞에 두고 먼저 가서 형제와 화목하고 그 후에 와서 예물을 드리라.
>
> 마태복음 5:23-24

우리 생각에 누군가 성전에 예물을 가져오면 예물을 받는 자들은 상황을 불문하고 즐거이 받을 것 같다. 이상적인 경우 어쨌거나 그 예물로 빈민의 압제를 덜어 주고 성전 비용을 충당하고 성직자 사례를 지불하게 되지 않는가. 새 '프로그램' 착수나 성전 건물의 확장도 가능하게 될지 모른다.

그러나 여기서 예수님은 예물에 조건을 다신다. 사실상 이것은 예물 헌납보다 특정 행위가 선행되어야 한다는 말씀이다. 그것은 본질상 영적이고 관계 중심적인 행위다. 사실 그분은 바치는 자와 다른 '형제'와의 바른 관계 등 다른 문제들에 대해 제대로 관심을 기울이지 않았다면 예물 헌납을 말리시는 것처럼 보인다.

그분은 말씀하신다. 예물을 들고 제단 앞에 갔는데 갑자기 '형제'와의 깨진 관계가 생각난다. 이 경우 형제란 친척, 친구, 직장 동료일 수 있다. 한쪽에서 상대에게 상처를 입혔고, 그 상처가 심각한 불화를 낳았다. 이 때 우리는 예물을 드리기 전 손상된 관계를 먼저 고치려고 노력해야 한다. 예수님의 처방은 예물을 제단 앞에 두고 가서 '형제'

를 찾아 화해한 뒤 돌아와 업무를 마치라는 것이었다.

예수님은 드림을 **전인적** 행위로 보신다. 삶의 다른 부분에서 다른 종류의 '예물'이 선행되지 않는 한, 그분은 제단 위의 예물에 감격하시지 않는다. 이 경우 다른 예물이란 화해의 예물이다. 용서를 구하는 것일 수도 있고 용서를 베푸는 것일 수도 있다. **예물을 그 자리에 두고 네 형제에게 가라.**

베푸는 자에게 다가오는 유혹이 있다. 큰 돈을 베풀면 삶의 다른 부분에서 많은 자질구레한 문제들이 가려진다는 생각이다. 당시 종교 지도자들은 그러했는지 모른다. 요즘도 마찬가지일 수 있다. 거금을 쾌척하여서 많은 눈을 가릴 수는 있으나 주님의 눈은 가릴 수 없다. 바치는 자가 마음에 원한과 적의를 품고 제단에 오기보다는 차라리 예물과 함께 집을 지키는 쪽을 그분은 원하실 것이다.

베푸는 삶의 영적 진수가 본문 말씀 가운데 점점 강하게 부각된다. 하나님은 후히 드리는 자들을 찾으신다. 그러나 후히 드리되, 먼저 마음속으로 하나님과 다른 사람들과 관계가 제대로 된 자들을 찾으신다.

'첫째' 논쟁

> 예수께서 앉으사 열두 제자를 불러서 이르시되 아무든지 첫째가 되고자 하면…뭇 사람을 섬기는 자가 되어야 하리라 하시고.
>
> 마가복음 9:35

예수님이 곧 예루살렘에서 죽으실 것을 공표하셨을 때 당신이 거기 있었다면 어떻게 반응했겠는가? 이 화제는 제자들을 극심한 혼란에 빠뜨렸다. 그 문제로 그분과 이야기하기조차 꺼릴 정도였다. 대신 그들은 그분 말씀을 두고 등 뒤에서 쑥덕거렸다.

그들의 관심사는? 그들의 뜨거운 논쟁은 뻔하였다. 예수님이 물러나실 경우 우리 중 우두머리가 될 만한 자가 누구인가? 리더십이 제일 강한 자가 누구인가? 가장 영향력 있는 자가 누구인가? 제자들의 경험 전반을 잘 아는 우리로서는 그들이 이런 논쟁을 벌인 것이 한두 번이 아니라는 사실 자체가 어이없다. 얼마나 생각이 좁은 자들인가!

주님은 무슨 일이 벌어지고 있는지 아셨다. 그리고 거침없이 문제를 들추어내셨다. "너희가 서로 토론한 것이 무엇이냐?" 이제 열두 제자는 중대 결정을 내려야 했다. 은폐할 것인가 솔직히 털어놓을 것인가?

이들은 지금까지 세상이 알던 것과 전혀 다른 혁신적인 삶으로 부름받은 자들이다. 본회퍼의 말대로 그것은 "와서 죽으라"는 부름이었다. 그럼에도 그들은 지위와 권력 문제에 매달리기 일쑤였던 것이다.

우리는 희생적인 사랑의 삶, 즉 베푸는 삶을 살려는 의지를 표명한다. 그러나 아무리 그렇게 말해도 마음속 깊은 곳에는 통제력과 권력을 놓지 않으려는 본능이 있다는 것을 안다. 우리도 제자들 중에 끼어 있었다면 아마 그들 못지않게 논쟁에 열을 올렸을 것이다.

예수님은 놀라운 역설을 소개하심으로 더 이상의 논쟁을 깨끗이 잠재우신다. 하나님 나라에서는 맨 뒤에 선 사람이 첫째, 즉 왕이 된다. 대단한 역설이다. 섬김으로 왕이 된다. 끝이 됨으로 첫째가 된다.

뒤로 돌아갓! 주님은 그런 충격적인 구령을 붙이고 계신 셈이다. 내가 피하려는 자들이 실은 내가 상대해야 할 청중이다. 내가 꺼리는 행동, 즉 섬기고 시중들고 거들고 사랑하는 행동이 실은 내 기본 소명이다. 내가 꺼리는 지위, 즉 종의 지위가 내 직함이다. 이 메시지를 받아들이지 않고 감히 예수님을 따를 수 있는 자는 아무도 없다. 원리적으로 말하자면 종이 되라. 그리고 행동으로 말하자면 어린아이를 영접하라.

권력을 맛보고 많은 재물을 모은 사람들은 이 사건을 신중히 살펴볼 필요가 있다. 권력에 굶주린 제자들의 정신 상태가 우리 안에도 있을 수 있다는 가능성을 직시할 만큼 우리는 투명해져야 한다. 반사적으로 부인하기보다는 가능성을 인정하는 것이 낫다. 그렇게 하면 우리 사고 생활과 행동에서 그 증거들을 찾을 수 있게 된다.

자신에게 물어보라. 누가 나의 통제력에 도전할 때 나는 어떻게 반응하는가? 누가 나를 밀쳐낼 때 나는 어떻게 대응하는가? 이용당하고 배반당하고 무시당할 때 내 기분은 어떤가? 그런 경우 우리는 제자들의 시각이 얼마나 우리 안에도 깊이 스며들어 있는지 깨닫는다.

그 질문들에 대한 대답 내용이 썩 좋은 것이 아니라면 지금이야말로 통회하며 회개하는 심령이 필요할 때다.

말보다 강한 사랑

예수는 아버지께서 모든 것을 자기 손에 맡기신 것과 또 자기가 하나님께로부터 오셨다가 하나님께로 돌아가실 것을 아시고 저녁 잡수시던 자리에서 일어나 겉옷을 벗고 수건을 가져다가 허리에 두르시고.

요한복음 13:3-4

이제 예수님의 고난 주간의 마지막 시간이다. 밤이 다하기 전 예수님은 예고하신 대로 성난 무리의 손에 넘겨질 것이고, 그들은 그분이 죽기까지 가만히 있지 않을 것이다.

그런 와중에서도 예수님은 빌린 방에서 제자이자 친구인 작은 무리와 함께 마지막 시간을 보내고 계신다. 불과 몇 시간 후면 가증스런 행위를 저지를 유다도 함께 있다. 나머지 열한 제자도 함께 있다. 그 누구도 그 시간의 의미를 알고 있지 않다. 오직 주님만이 "자기가 세상을 떠날…때가 이른 줄 알고" 계셨다(요 13:1).

유월절 식사를 나누던 바로 그 순간 예수님은 "자기 사람들을 사랑하시되 끝까지 사랑하시니라"(13:1)고 성경은 말한다. 어떤 면에서 지난 3년 간 예수님은 점진적 방식으로 사랑을 보이셨다. 처음 제자들을 그들의 생생한 삶의 현장에서 부르실 때 그분은 사랑을 보이셨다. 그들이 실패하고 배신할 때도 그들 곁을 떠나지 않으셨다. 그들이 무서워 몸을 사리고, 이기적인 치부를 보이며, 저마다 똑똑하고 잘났다고 싸우며 인간 본성을 드러낼 때도 그분은 인내를 보이셨다. 이

못 말리는 무리를 향한 주님의 애착은 **사랑**이라는 말로밖에 표현될 수 없다. 그런데도 그 동안 배운 모든 것이 제자들 마음에 와 닿았다는 조짐은 그 날 밤 다락방에서 거의 찾아볼 수 없었다.

끝까지 사랑하신 예수님의 사랑은 어떻게 나타났는가? 말로 표현되었는가? 아니다. 한 가지 행동으로 표현되었다. 현대 독자들이 자칫 의미를 놓칠 수 있을 만큼 단순한 행동이다.

예수님은 제자들의 발을 씻기셨다!

하나님의 아들(이 말을 천천히 생각하며 읽어 보라)이 겉옷을 벗고 대야와 수건을 들고 발을 씻으러 나서신다.

진정 베푸는 삶의 특징은 무엇인가? 베푸는 돈의 액수와는 상관이 없다. 베푸는 삶은 철저한 겸손의 자세로 시작된다. 여기 천국의 왕이 육신을 입고 평범한 인간들 앞에 무릎 꿇고 앉아 그들 발에서 예루살렘 길의 먼지와 때를 씻기신다. 천사들이 노래하는 분이요, 전능하신 하나님 우편에 앉으신 만유의 주께서 말이다.

> 진정 베푸는 삶의 특징은 무엇인가? 베푸는 돈의 액수와는 상관이 없다.

이 장면이 우리 마음속에 새겨져야 한다. 이것이야말로 우리가 본받아야 할 모습을 보여 준다.

대야를 들고 수건을 두르신 하나님

이에 대야에 물을 담아 제자들의 발을 씻기시고 그 두르신 수건으로 씻기기를 시작하여.

요한복음 13:5

제자들의 발을 씻기시기 전에 흥미로운 말이 서문처럼 붙어 있다. "예수는 아버지께서 모든 것을 자기 손에 맡기신 것과 또 자기가 하나님께로부터 오셨다가 하나님께로 돌아가실 것을 아시고"(요 13:3).

여기서 두 가지 생각이 흥미롭게 조화를 이루는 것을 볼 수 있다. 어떤 인간이 이 때의 우리 주님보다 더 든든한 자신감을 가질 수 있을까? 그분은 자신이 어디서 오셨는지 아셨고 친히 만유의 주인임을 아셨다. 자신이 주와 왕이라는 그 충만한 인식 속에서 그분은 수건을 두르고 가장 비천한 종의 일을 자청하셨다.

예수님의 자기 인식과 자발적 종의 행동. 이 둘의 조화를 깨닫는 것이 우리 모두의, 특히 남다른 자원과 영향력을 지닌 자들의 과제다.

자신감의 기초는 무엇인가? 가문? 학위? 직함? 사업의 명성? 외모? 왕성한 체력? 이런 것들을 자아 인식의 기초로 삼는 이들이 많다. 솔직히 그 덫에 유혹을 느끼지 않는 사람이 누가 있겠는가?

그러나 그런 기준으로 우리의 자기 가치를 잰다면 우리는 절대로 그 날 밤의 주님처럼 섬길 수 없다. 자신감의 기초를 그런 외적인 요인에 두는 이에게 참된 겸손은 불가능하다.

건강한 영적 삶은 그 날 예수님이 보이신 두 가지 주제와 맞물려 있다. 우리는 자신이 하나님의 자녀임을 안다. 그분의 영원한 임재에 들어서고 있음을 안다. 내 모든 소유가 예외 없이 하나님이 주신 것임도 안다. 이런 확신에 거할 때 우리의 건전한 자신감에 더 이상 다른 것이 필요 없다. 이제 우리는 필요할 때면 언제라도 마음껏 내 나름의 대야와 수건을 들 수 있다.

누구를 섬길 것인가?

집 하인이 두 주인을 섬길 수 없나니 혹 이를 미워하고 저를 사랑하거나 혹 이를 중히 여기고 저를 경히 여길 것임이니라. 너희가 하나님과 재물을 겸하여 섬길 수 없느니라.

누가복음 16:13

"집 하인이 두 주인을 섬길 수 없나니." 하인과 종이란 잘 알려진 고대 문화의 일부였다. 종은 주인의 재산이었다. 마찬가지로 하인의 책임은 자기가 모시는 주인의 소원과 유익에 완전히 몸을 바치는 것이었다. 하인은 다른 사람을 동시에 섬긴다는 생각이 아예 혐오스럽거나 역겨울 정도로, 주인의 이익에 헌신해야 했다.

예수님 말씀의 기본 전제에 이의를 제기한 사람은 아무도 없어 보인다. 그러나 예수님은 같은 전제를 다른 방향으로 돌리신다. 하나님과 돈을 대할 때도 마찬가지라는 것이다.

하나님과 돈, 그 극한 대립의 위력에 주목하라. 어떤 면에서 둘은 절대적 대립 관계에 있다. 재물에 푹 빠진 인간이 하나님께 진실한 마음으로 헌신하기를 바란다는 것은 사실상 불가능하다. 돈이란 일종의 권력이다. 이 권력은 하나님의 권력과 영향력을 대적하거나 그 대안이 될 때가 많다.

예수님 말씀의 위력을 부인하고 싶은 이들이 많을 것이다. 그러나 순순히 받아들이는 것이 좋다. 돈이 넉넉할 때가 곧 언제나 하나님과 멀어지기 직전임을 인정하는 것이 좋다. 돈이 있으면 기도할 것이 적어진다. 돈이 있으면 하나님을 의지하는 마음이 줄어든다. 돈이 있으면 내 힘으로 모두 해결된다는 신화에 빠지기 쉽다. 돈이 있으면 우선순위를 하나님 나라의 기준에 맞추어야 한다는 부담이 떠나지 않는다. 또 있다. 돈이 있으면 늘 교만과 싸워야 하며 겸손을 잃을 수 있는 위험을 안게 된다. 이 모든 것이 흔히 있을 수 있는 일들이다.

예수님은 듣는 무리에게 둘을 겸하여 섬길 수 없다고 말씀하신다. 이것이 암시하는 것은 분명하다. 그분 말씀은 마음을 정하라는 것이다. 그것도 매일 정해야 한다. 누구를 섬길 것인가? 둘 다 섬길 수는 없다. 듣는 이들을 자극시키는 신비다. 바리새인들이 예수님을 조롱한 것도 이상한 일이 아니다. 진리로 인해 위협을 느낄 때 인간이 할 수 있는 일이 달리 무엇이 있겠는가?

부자의 과오

하나님은 이르시되 어리석은 자여, 오늘밤에 네 영혼을 도로 찾으리니 그러면 네 예비한 것이 뉘 것이 되겠느냐 하셨으니 자기를 위하여 재물을 쌓아두고 하나님께 대하여 부요치 못한 자가 이와 같으니라.

누가복음 12:20-21

베푸는 마음은 말한다. "어찌할꼬? 좋은 방법을 찾아내 내가 가진 복을 나누리라." 탐심은 말한다. "내가 재산을 쌓아 둘 곳이 없으니 곳간을 더 많이 짓고 몽땅 나의 몫으로 쌓아 두리라." 이 부자가 한 일이 바로 이것이다.

본문에서 그의 새로운 사업 구상이 자세히 나타난다. 곳간을 더 크게 더 많이 짓자. 모든 소유는 내 통제하에 있게 되며 그러면 안전과 행복이 올 것이라고 그는 결론지었다.

그러나 성경을 좀 아는 자들은 이야기의 결말이 어떻게 끝나는지 안다. 부자의 사업 구상은 죽음을 변수로 고려하지 않았다. 그는 완전한 재산 통제권을 주장했으나, 수명 통제권은 그의 몫이 아니었다.

그 날 밤 하나님은 그의 더 큰 재산을 불러들였다. "네 재물은 큰 창고에 그대로 둬도 좋다만 네 목숨은 내가 도로 찾겠다." 어리석은 부자는 자신이 선택한 결과를 생각하지 못하였다. 그는 욕심 때문에 모든 것을 잃고 말았다.

영향력과 물질의 복을 많이 받은 자일수록 더욱 분별력 있게 결과를 생각해야 한다. "내 재산에 대한 선택에 따르는 결과는 무엇인가?" 모든 선택에는 결과가 따른다. 미련한 자는 그것을 무시한다. 그러나 지혜롭게 베푸는 자는 결과를 신중히 생각한다.

이런 이야기에서 우리는 부와 영향력에는 책임이 수반된다는 중요한 원리를 배운다. 운영하는 돈의 규모가 클수록 재앙의 가능성도 크다. 하나님과 나를 향한 그분의 뜻 앞에 겸손히 복종하지 않는다면 말이다.

> 부와 영향력에는 책임이 수반된다.

종에서 형제로

내가 항상 내 하나님께 감사하고 기도할 때에 너를 말함은.

빌레몬서 1:4

신약 성경에서 가장 주목받지 못하는 책 서넛을 꼽는다면 그 가운데 빌레몬서가 빠지지 않을 것이다. 이 책이 어떻게 신약 성경에 들게 되었나 하는 의문을 갖게 되기도 한다. 그러나 1세기에 자신을 베푸는 자로 자처했을 만한 한 그리스도인이 당면한 몇몇 문제에 대한 깊은 통찰이 이 편지에 들어 있다.

빌레몬은 분명 사업가였다. 그는 예수 그리스도께 대한 믿음을 시인함으로 운명이 달라져야 했던 이들을 대표한다고 할 수 있다. 그가 노예 소유주였다는 말에 우리는 놀라게 된다. '어떻게 그럴 수가 있나' 싶다. 그러나 판단을 보류하고 우선 이야기의 전말을 들어보아야 한다. 빌레몬도 우리처럼 성장이 필요했다는 사실을 알아야 한다.

오네시모는 빌레몬의 종이었다. 그는 탈출하여 로마까지 왔다가 거기서 바울을 만나 곧 그리스도께로 회심하였다. 마침내 그는 빌레몬에게 돌아가 '자수해야' 했다. 오네시모는 빌레몬에게 보내는 바울의 편지를 들고 돌아간 것이 분명하다.

바울이 그리스도를 따르는 한 사업가에게 어떻게 말하는지 살펴볼 필요가 있다. 바울은 이렇게 썼다. "내가 너의 믿음을 들었다. 모든 성도에 대한 너의 사랑을 들었다. 너에 대해 들리는 모든 말이 나에게 힘이 된다." 빌레몬은 분명 선한 사람이었고 점차 자라는 중이었다.

바울이 오네시모를 위해 빌레몬에게 어떻게 간구하는지 잘 보라. "저가 전에는 네게 **무익**하였으나(**무익하다**는 뜻의 오네시모라는 이름에 빗댄 듯하다) 이제는 나와 네게 **유익**하므로." 무익한 자를 유익한 자 되게 하는 것이야말로 믿음이 가져다 주는 인간의 변화가 아닌가.

그러나 편지의 골자는 이것이다. 바울은 빌레몬에게 오네시모를 형제로 영접하라고 촉구하였다. "이후로는 종과 같이 아니하고 종에서 뛰어나 곧 사랑받는 형제로 둘 자라. 내게 특별히 그러하거든 하물며 육신과 주 안에서 상관된 네게랴"(몬 1:16).

종에서 한 인간으로, 다시 형제로! 이것은 베푸는 자의 심중에 있는 복음을 통해서만 가능한 변화다. 이 짧은 편지에 두 핵심 인물이 나온다. 바울과 빌레몬이다. 그 둘에게는 또 한 사람의 인생을 바꿔 놓을 힘이 있었다. 단지 그를 경제적 종의 삶에서 해방시키는 정도가 아니라 아무 쓸모 없던 삶에서 쓸모 있는 삶으로 자유케 하여 하나님의 자녀, 주 안의 형제, 복음의 종이 되게 할 수 있었다. 이것이 베푸는 삶의 기쁨이다. 베푸는 삶이 그것을 가능케 한다.

법정에 선 성도들

> 너희 중에 누가 다른 이로 더불어 일이 있는데 구태여 불의한 자들 앞에서 송사하고 성도 앞에서 하지 아니하느냐. 성도가 세상을 판단할 것을 너희가 알지 못하느냐. 세상도 너희에게 판단을 받겠거든 지극히 작은 일 판단하기를 감당치 못하겠느냐.
>
> 고린도전서 6:1-2

솔직해지자. 우리가 어떤 모임에 갔는데 강사가 이런 말을 한다면 자리를 떠날 사람이 적지 않을 것이다.

사법 문제에 관한 흥미롭고 논란이 많은 이 말씀에서 바울은 그리스도인 형제 자매들을 법정으로 데려가지 말라고 고린도 교회에 권고한다. 신자 공동체 내의 분쟁은 교회의 치리와 은혜를 통해 해결할 수 있고 마땅히 그래야 한다는 것이다.

고린도 교인들은 법정 소송에 더 끌렸던 모양이다. 돈과 승소와 내가 옳았다는 판정이 연합보다 중요하였다. 서로에 대한 헌신을 파기함으로써 그리스도인의 사랑과 은혜의 개념을 악용한 자들도 있었음을 행간을 읽어 짐작할 수 있다.

교인들도 인간인 만큼 분쟁이야 바울도 예상했던 것이다. 그의 말은 분쟁이 쉽게 풀리지 않을 때 그것이 세상에 공개되어 그리스도인들의 성숙하지 못한 모습이 드러나게 하는 것이 아니라 공동체 내에서 중재되어야 한다는 것이다. 바울의 말을 이렇게 풀어 쓸 수 있다.

"너희가 소송을 벌였다는 사실 자체가 곧 다같이 졌다는 뜻이다"(참고. 6:7). 한 걸음 더 나아가 그는 그리스도의 이름을 높이는 것보다 더 큰 '승리'는 없다고 말한다.

바울의 말은 거침없이 계속된다. 불의한 자로 꼽힌 사람들의 목록을 보라. 음란하는 자, 우상 숭배하는 자, 도적하는 자, 술 취하는 자, 후욕하는 자, 토색하는 자. 혹시 이런 자들을 아는가? 바울은 알았다. "너희 중에 이와 같은 자들이 있었다"(6:11). 정곡을 찌른 것이다!

"주 예수 그리스도의 이름…안에서 씻음과 거룩함과 의롭다 하심을 얻었느니라." **씻음**이란 그들의 죄가 정결케 됐다는 말이다. **거룩함**이란 고유의 성화된 삶을 살도록 구별됐다는 뜻이다. **의롭다 하심**이란 하나님을 만날 준비가 되었다는 선언이다. 얼마나 놀라운 일인가! 이어 바울이 쓰지 않은 말이 귀에 들리는 듯하다. "그렇게 살라!"

재력과 영향력 있는 사람들은 자기 것을 꼭 움켜쥐고 싶은 유혹이 강한 세상에 살고 있다. 메시지는 명확하다. 네 돈, 네 이름, 네 지위를 위해 싸워라. 누구든 네 길을 막아서거든 소송하고 비방하고 쓴맛을 보여 줘라. 일부 고린도 교인들은 그렇게 살았다. 그러나 베풀며 살아가는 그리스도의 참 제자들은 그렇게 살지 않는다.

제5부

우상을 버림

어떤 사람이 주께 와서 가로되 선생님이여
내가 무슨 선한 일을 하여야 영생을 얻으리이까.
예수께서 가라사대 어찌하여 선한 일을 내게 묻느냐.
선한 이는 오직 한 분이시니라. 네가 생명에 들어가려면
계명들을 지키라…. 그 청년이 가로되 이 모든 것을
내가 지키었사오니 아직도 무엇이 부족하니이까.
예수께서 가라사대 네가 온전하고자 할진대 가서
네 소유를 팔아 가난한 자들을 주라.
그리하면 하늘에서 보화가 네게 있으리라.
그리고 와서 나를 좇으라 하시니
그 청년이 재물이 많은 고로
이 말씀을 듣고 근심하며 가니라.

마태복음 19:16-17, 20-22

내게 무엇이 부족합니까? 청년은 자신감에 차서 물었다. 그러나 묻지 말았어야 했는지도 모른다. 예수님은 정신이상자가 아니고서는 생각할 수도 없는 도전과 초청으로 그를 치셨다. "가서 네 소유를 다 팔아 가난한 자들에게 주고 와서 나를 좇으라."

여기 기독교의 커다란 수수께끼가 있다. 예수님은 정말 어떤 사람도 부를 소유하기를 (누리는 것은 고사하고) 원치 않으시는 것일까? 구약과 신약 성경 모두에는 거리낌없이 큰 부를 누린 듯이 보이는 사람들이 많이 있는데 왜 예수님은 이 청년의 재물을 문제 삼으셨을까?

가능한 답은 이뿐이다. 예수님은 청년의 심중을 꿰뚫어보아 그 마음이 부에 사로잡혔음을 아셨다. 부자 청년은 돈과 지위로 자신을 규정했다. 돈과 생활 방식이 그의 신이었고 그는 그 둘을 숭배했다.

바로 이 비정상적인 애착이 청년과, 그가 예수님께 여쭈었던 영생의 사이를 갈라 놓은 것이다. "그 청년이 재물이 많은 고로 이 말씀을 듣고 근심하며 가니라"(마 19:22). 예수님은 청년의 영혼에 레이저 광선을 쏘아 문제점을 지적하시고 그의 우상을 드러내셨다.

청년이 이렇게 말했다면 어떻게 되었을까? "그렇게 하겠습니다. 재산을 모두 처분한 후 내일 여기서 주님을 뵙겠습니다." 아브라함이 아들을 바치려 했을 때 하늘이 응답했던 것처럼 혹 예수님도 그에게 "됐다, 네가 나를 사랑하는 줄 이제 내가 알았다"고 하시지는 않았을까?

베푸는 삶을 이해하려면 이 기사를 여러 번 되풀이해서 읽어야 한다. 외울 수 있다면 더 좋다. 성공한 자나 부자라면 누구나 느끼게 되는 중대한 유혹을 일러 주는 말씀이다. "이 모두가 언제 내게 신이 될까? 예수님이 모두 버리라 하시면 어찌할 것인가?"

전방에 난기류

> 어떤 [부자 청년이] 주께 와서 가로되 선생님이여 내가 무슨 선한 일을 하여야 영생을 얻으리이까.
>
> 마태복음 19:16

재력과 영향력 있는 사람은 영적인 안전 벨트를 조여야 한다는 사실을 깨우쳐 주는 대목들이 성경에 나타난다. 비행기 조종사의 말을 생각해 보라. "전방 항로에 난기류가 있습니다."

질문을 품고 예수님을 찾아온 본문의 이 청년은 어떤 사람이었을까? 구도자였을까? 베푸는 삶을 살려는 자였을까? 최소한 그가 건전한 호기심과 선(善)에 이끌린 사람이었다고 가정해 보자. 그는 예수님께 끌렸으며 그가 던진 질문은 예수님을 트집잡기 위해서가 아니라 그분께 배우기 위한 것으로 보인다. 어쩌면 그는 이론뿐인 종교적 말장난이 아니라 내적 시각과 삶의 참 변화를 찾고 있었는지 모른다.

"내가 어떻게 해야 영생을 얻을 수 있습니까?" 이것이야말로 모든 질문의 어머니다. 그 정답 속에 인생의 다른 모든 질문에 대한 답이 들어 있기 때문이다. 이 답을 찾으라. 그리하면 내가 행해야 하고 되어야 하는 다른 모든 문제에 적용할 수 있을 것이다. 이 청년은 그것을 알 만큼 똑똑했다.

대화 초반에만 해도 청년은 제법 자신만만해 보였다. 예수님의 대답은 우선 그를 우리 모두에게 구속력을 지니는 율법의 핵심으로 인도하였다. "계명들을 지키라." 그것들을 감히 무시해서는 안 된다. 그 청년은 말하였다. "저는 지금까지 그렇게 살아왔습니다." 기본적으로 이것은 솔직한 대답이었을 것이다. 그는 율법을 지키는 삶에 혼신을 다해 왔다. 아마도 그의 생활 방식에는 중대한 과오가 없었을 것이다. 그는 아주 착실한 사람이었을 것이다.

"아직도 무엇이 부족하니이까?" 이 질문은 두 가지로 해석될 수 있다. 첫째로 이것은 이런 말일 수 있다. 왜 제 기분이 더 나아지지 않습니까? 왜 아직도 뭔가 모자란 듯한 기분이 듭니까? 두 번째 해석은 이것이다. 이 순간 선생님만의 특별한 교훈은 무엇입니까? 제가 모르고 있거나 행치 못한 것이 무엇입니까? 청년은 정말 새로운 깨달음을 원하였던 것 같다. 어쩌면 자신이 살아가는 삶을 어떻게든 정당화하고 싶었는지도 모른다.

이런 해석이 맞다면 대화의 다음 부분은 분명 그에게 일대 충격이었을 것이다. 야구 용어로 말해 만일 그가 홈런을 날릴 만한 투구를 기대했다면 그것은 큰 오산이었다. 그에게 날아온 것은 높고 치기 어려운 빠른 공이었다. 그는 아예 공이 날아오는 것조차 보지 못한 듯하다. 그는 자신이 대화의 고삐를 쥐고 있는 줄 알았지만 사실은 아니었다.

베푸는 삶을 사모하며 예수님의 임재 가운데 많은 시간을 보내는 자들도 간혹 비슷한 경험에 부딪힌다. 안전 벨트를 바짝 조이는 것이 좋다. 난기류는 그 때도 있었고 앞으로도 있을 것이다.

살아 계신 하나님의 성전

하나님의 성전과 우상이 어찌 일치가 되리요. 우리는 살아 계신 하나님의 성전이라. 이와 같이 하나님께서 가라사대 내가 저희 가운데 거하며 두루 행하여 나는 저희 하나님이 되고 저희는 나의 백성이 되리라 하셨느니라. 그러므로 주께서 말씀하시기를 너희는 저희 중에서 나와서 따로 있고.

고린도후서 6:16-17

"나와서 따로 있으라." 우리 시대에 이것은 무엇을 뜻하는가? 주변 세상과 완전히 분리되는 것은 분명 가능하지도 않고 바람직하지도 않다. 그러나 우리의 가치관이나 우리가 선택하는 삶의 방식에는 확연한 차이가 있어야 한다. 자동차 뒤에 물고기 모양 스티커를 붙인다든지 '더할 나위 없는' 교회에 나간다든지 하는 표면적 차원뿐만 아니라 우리의 행동도 그래야 한다.

예수님은 제자들에게 이르셨다. "새 계명을 너희에게 주노니 서로 사랑하라. 내가 너희를 사랑한 것같이 너희도 서로 사랑하라. 너희가 서로 사랑하면 이로써 모든 사람이 너희가 내 제자인 줄 알리라"(요 13:34-35).

그렇다면 우리로 하나님의 사랑을 받지 못하게 하고 그 사랑을 다른 사람들에게 전하지 못하게 만드는 유혹이야말로 가장 큰 유혹 중 하나라고 할 수 있다. 다른 모든 중죄, 즉 게으름, 탐식, 분노, 정욕, 교만, 시기, 탐심 등은 우리가 사랑의 계명을 지키지 못할 때 우리 삶에

발붙일 곳을 얻게 된다. 사랑의 길을 따를 때에만 온 사방의 악에서 벗어날 가망이 생긴다. 우리는 그분이 우리를 악에서 건지시고, 우리 삶의 우상들의 세력을 깨뜨리시며, 우리를 안전하게 집으로 인도하신다는 것을 믿을 수 있다.

잠언의 원리들

> 재물은 진노하시는 날에 무익하나 의리는 죽음을 면케 하느니라.
>
> 잠언 11:4

잠언 11장에는 풍요로운 사회에 사는 사람이 절대 무시할 수 없는 네 가지 중요한 원리가 각각 등장한다.

첫째, "속이는 저울은 여호와께서 미워하신다"(11:1). 사업 방식에 대한 성경의 분명한 입장이 이 짤막한 말 속에 들어 있다. 사업은 숨김없이 바르고 진실하게 행해야 한다. 잠언 기자는 분명 속임수 저울을 종종 보았다. 누군가 반칙을 저지르기 때문에 사람들이 늘 시장에서 피해를 입는 모습도 그는 보았다. 사업가들은 편법으로 적당히 불법 이득을 취하려는 유혹을 느낄 때가 얼마나 많은가. 그 문제에 대한 분명한 답이 이 구절에 들어 있다.

둘째, "재물은 진노하시는 날에 무익하다"(11:4). 진노하시는 날이란 성읍이 침략군에 의해 함락되는 비참한 순간을 이를 수도 있고 하나님이 장차 역사를 마감하고 온 인류를 심판하실 그 날을 뜻할 수도 있다. 어느 경우든 아까워 꼭 움켜쥔 부는 이익은커녕 오히려 짐이 된다. 요지는 단순하다. 부는 헐겁게 쥐는 것이 가장 좋고, 우선 순위 목록에서 지혜와 의 다음에 두는 것이 제일 좋다.

셋째, "의인이 형통하면 성읍이 즐거워한다"(11:10). 왜 그럴까? 의로운 자들은 가난하고 혜택받지 못한 자들을 선대하기 때문이다.

의인은 부를 과시하지 않고, 남을 억압하는 데 부를 악용하지 않으며, 부자랍시고 가난한 이들을 멀리하지 않는다. 특정인의 형통을 어떤 사람들이 기뻐하느냐에 따라 그 사람이 베푸는 자라는 것을 안다고 말할 수 있을 것이다.

넷째, "구제를 좋아하는 자는 풍족하여질 것이요, 남을 윤택하게 하는 자는 윤택하여지리라"(11:25). 후히 베푸는 자는 풍성한 보상을 누린다는 말이 여기에도 나온다. 짐작컨대 기자의 말은 하나님께 복을 얻고, 사람들의 존망을 얻으며, 영혼에 평안을 누린다는 뜻일 것이다.

나는 믿을 만한 자인가?

지극히 작은 것에 충성된 자는 큰 것에도 충성되고 지극히 작은 것에 불의한 자는 큰 것에도 불의하니라. 너희가 만일 불의한 재물에 충성치 아니하면 누가 참된 것으로 너희에게 맡기겠느냐.

누가복음 16:10-11

예수님의 이 가르침은 인력 관리와 재정의 책임을 맡은 사람이라면 누구나 벽에 걸어 두어야 할 말씀이다. 이 말씀은 성품, 훈련, 신뢰의 문제를 다루고 있다.

우리 시대의 많은 이들과는 달리 예수님은 분명히 인간의 사생활과 공생활이 서로 연결되어 있다고 생각하셨다. 삶의 작은 일들을 재능과 성품으로 처리하는 자들은 삶의 큰 일이나 공무를 맡아도 똑같이 할 것이다. 반대로 작은 일에 책임을 소홀히 하는 자들은 큰 일을 맡아도 전혀 다를 바가 없을 것이다.

'개인' 시간에 누가 뭘 하든 그것은 남들이 관여할 바가 아니라는 것이 문화적 통념이다. 그러나 성경의 입장은 그와 극명한 대조를 이룬다. 대부분의 경우 인간의 삶이란 결국 '개인' 시간과 '업무' 시간이 서로 연결되어 있고, 한쪽에서 하는 일을 다른 쪽에서도 하게 마련이다. 따라서 사적인 관계에서 늘 불성실한 자들은 사업상의 관계에서도 똑같이 불성실할 소지가 높다. 대체로 부부 관계에 정절을 지키지 않는 자는 회사나 기관에 대해서도 쉽게 충절을 저버릴 수 있다.

예수님은 거기서 한 걸음 더 들어가신다. 이생에서 맡은 책임을 다 하지 않는 자에게 어떻게 '참된 것' 즉 천국 재산의 관리를 믿고 맡길 수 있겠는가?

복으로 받은 자원과 영향력의 규모가 어떠하든 예수님은 사람들을 온전히 신실한 삶으로 부르신다. 가정과 직장과 여가 생활에서 공히 정직하고 거룩하게 살라 하신다. 개인적 도덕성과 신뢰에 관한 한 불량률 0%, 그것이 목표이다.

영적 삶이 침체에 빠질 때

여호와께서 또 모세에게 이르시되 내가 이 백성을 보니 목이 곧은 백성이로다.

출애굽기 32:9

이것은 이스라엘의 광야 방랑기에 실린 가장 희한한 사건 중 하나다. 모세는 하나님과 교제하기 위해 산으로 올라갔다. 그가 주님의 임재 안에 머무는 시간이 평상시보다 길어지자 백성들은 좀이 쑤시기 시작하였다. 그러자 그들의 의식 밑에 숨어 있던 배교의 영이 솟구쳐 올라왔다. "일어나라. 우리를 인도할 신을 우리를 위하여 만들라. 이 모세 곧 우리를 애굽 땅에서 인도하여 낸 사람은 어찌되었는지 알지 못함이니라"(출 32:1).

이 미련한 말을 비난하기 전에 잠시 멈춰 우리 안에도 그런 영이 거한 적이 없는지 생각해 보자. 다른 사람의 이탈 행동은 눈에 잘 띄지만, 내 안에서 비슷한 모습을 발견하기란 훨씬 더 어려운 법이다.

이스라엘은 모세의 영적 리더십에 대해서는 물론이고 아브라함의 하나님을 향한 자신들의 헌신과 감사를 잊어버렸다. 영적 공백의 그 순간, 다른 종류의 '후히 드림'이 생겨났다. 아론은 그들에게 금을 바치라 하였다. 그리고 금을 녹여 송아지 형상을 만들었다. 불에서 송아지가 나오자 백성들은 소리쳤다. "이스라엘아, 이는 너희를 애굽 땅에서 인도하여 낸 너희 신이로다"(32:4).

백성의 입에서 나온 신성 모독은 우리를 아연실색케 한다. 그들이 어떻게 그럴 수 있는가? 아론은 또 어떤가? 단을 쌓고 그 이튿날을 우상 숭배의 절일로 공표하지 않았던가. 이들은 모세의 보이지 아니하시는 하나님을 어떻게 금 조각으로 대치할 생각을 할 수 있었을까?

그러나 우리도 날마다 마음을 돌아보며, 비슷한 우상들을 지어내는 성향을 살펴보아야 한다. 물론 금송아지는 아니겠지만 그래도 우상이기는 마찬가지다. 예컨대 맹목적으로 쌓아 둔 물질은 환난 날에 영적 외도의 상징이 된다. 이런 우상은 호의호식, 지위, 자존심 따위를 하나님만이 계셔야 할 최상의 자리에 올려 놓는다. 자동차, 주택, 보트, 클럽 회원권은 모두 번듯한 재산이 될 수 있지만, 동시에 우리가 그 주변에서 춤추며 의식을 벌이는 송아지가 될 수도 있다.

출애굽기 32:6은 우상 숭배에 빠진 이스라엘이 "일어나서 뛰놀더라"고 말한다. 이교도의 방탕으로 급추락했다는 표현이다. 송아지 주변에서 차마 입에 담기 어려운 일들이 벌어졌다. 이 장면은 인간이 얼마나 밑바닥까지 내려갈 수 있는지 보여 준다. 이스라엘 백성 같은 이들이 그랬다면 우리 같은 이들도 그럴 수 있다.

하나님은 모세에게 말씀하셨다. "내가 이 백성을 보니 목이 곧은 백성이로다." 자신의 금으로 하나님 나라 일을 하지 않고 송아지를 만드는 사람들에 대해서도 하나님은 똑같이 생각하시지 않을까?

탐욕은 멸망을 부른다

아합이 나봇에게 일러 가로되 네 포도원이 내 궁 곁에 가까이 있으니 내게 주어 나물 밭을 삼게 하라. 내가 그 대신에 그보다 더 아름다운 포도원을 네게 줄 것이요, 만일 합의하면 그 값을 돈으로 네게 주리라. 나봇이 아합에게 말하되 내 열조의 유업을 왕에게 주기를 여호와께서 금하실지로다 하니…아합이 근심하고 답답하여 궁으로 돌아와서.

열왕기상 21:2-4

성경에는 거슬리면서도 불편한 이야기들이 있다. 거슬린다 함은 사람들의 추한 행동을 보여 주기 때문이요, 불편하다 함은 그 줄거리 속에 때로 내 모습이 보이기 때문이다. 아합과 나봇의 이야기가 단적인 예다. 아합과 그 아내 이세벨의 행동을 잘 보라. 나는 저렇게 되지 말아야지 하는 모습이 생생히 보일 것이다.

아합 왕은 사실상 없는 것이 없는 사람이었다. 그런데도 그는 만족할 줄 몰랐다. 그는 나봇의 포도원을 취하려 협상에 나섰다. 더 좋은 포도원이나 현찰까지도 주려 했으니 아합 딴에는 자신이 정당해 보였으리라. 그러나 나봇은 굽히지 않았다. 그 땅은 선조의 유물이었다. 거래는 있을 수 없었다.

그래서 아합은 어찌했던가? 성경은 "아합이 침상에 누워 얼굴을 돌이키고 식사를 아니하니"(왕상 21:4)라고 말한다. 여기 **물질**에 중독된 자가 있다. 권력과 부로 영혼이 빚어진 그는 거절의 뜻을 더 이상 알아듣지 못하였다. 온 세상은 아합의 욕심을 중심으로 돌아갔다.

누구든 그가 원하는 바를 거부한다는 것은 있을 수 없는 일이었다.

이 미련한 자에게 멸시를 보내기 전에 우리는 잠시 멈추어 "아합의 정신이 **한시라도** 내 영혼을 통제할 때는 없는가?" 자문할 필요가 있다. 아마도 그런 적이 있을 것이고, 앞으로도 그럴 것이다.

이세벨은 도움이 되지 않았다. 좋은 친구가 그러하듯 좋은 배우자라면 참을 수 없는 엄한 사랑의 힘으로 아합의 잘못을 지적하였을 것이다. 이세벨은 남편의 욕심과 탐욕과 유치한 감정놀이를 꾸짖을 수도 있었다. 그녀가 경건한 여자요 진심으로 남편을 사랑했다면 아합이 자기 마음을 살펴 회개하기 전까지 가만히 있지 못했을 것이다.

대신 그녀는 아합의 소원을 이루어 줄 야비한 술수를 꾸몄다. 악한 꾀는 곧 재앙을 불러와 나봇은 죽고 포도원은 아합 차지가 되었다. 한 사람이 탐욕을 다스리지 못해 모든 사람이 도덕적으로 망하였다.

이 이야기를 주의 깊게 읽고 성품의 교훈을 마지막 한 방울까지 뽑아내 자기 속에 아합이나 이세벨의 영이 없는지 살피는 자는 지혜로운 자다.

사람들은 당신의 왕궁에서 무엇을 보는가?

> 저의 모든 일이 형통하였더라. 그러나…하나님이 히스기야를 떠나시고 그 심중에 있는 것을 다 알고자 하여 시험하셨더라.
>
> 역대하 32:30-31

말년의 히스기야 이야기는 간과할 수 없다. 교훈적이면서도 두려운 이야기다. 이 곳 외에도 열왕기하 18장과 이사야 38-39장에 자세한 내용이 실려 있다.

히스기야 재임 중 위대한 순간이 두 번 있었다. 한 번은 예루살렘의 영적 부흥이고, 또 한 번은 히스기야가 앗수르 왕 산헤립을 기적처럼 물리친 사건이다. 후자의 경우 히스기야는 겁에 질린 군대 앞에서 출중한 영적 리더십을 보였다. 그는 말했다. "너희는…앗수르 왕과…인하여 두려워 말며 놀라지 말라. 우리와 함께하는 자가 저와 함께하는 자보다 크니 저와 함께하는 자는 육신의 팔이요, 우리와 함께하는 자는 우리의 하나님 여호와시라. 반드시 우리를 도우시고 우리를 대신하여 싸우시리라"(대하 32:7).

승리의 순간이 지나고 얼마 후에 히스기야는 병이 들었다. 이사야 선지자가 그를 찾아와 그가 죽게 될 것이라고 하였다. 히스기야의 기도(사 38:10-20)는 성경에 나타난 참으로 애절한 기도 중 하나다. 결과는? 이사야가 그에게 다시 돌아와, 하나님이 그의 기도를 들으시고 수명을 연장해 주실 것이라고 말하였다. 기적이다!

베푸는 삶을 살려는 자는 누구나 그 이후의 사건을 주시해야 한다. 소생한 히스기야는 다시 왕의 직무를 감당했다. 그의 명성과 부와 권력은 바벨론 왕의 주목을 받을 정도로 막강해졌다. 바벨론 왕은 양국 간 수교를 맺고자 사절단을 보냈다.

사자가 바벨론으로 돌아간 후 이사야가 다시 찾아와 물었다. "그 사람들이 어디서 왕에게 왔나이까?" "바벨론에서 왔나이다"라는 왕의 대답에 선지가가 다시 물었다.

"그들이 왕의 궁전에서 무엇을 보았나이까?"

"그들이 내 궁전에 있는 것을 다 보았나이다. 내 보물은 보이지 아니한 것이 없나이다."

역대하 말씀은 이 순간에 대해 이렇게 말한다. "하나님이 히스기야를 떠나시고 그 심중에 있는 것을 다 알고자 하사 시험하셨더라." 히스기야는 시험에서 떨어졌다. 그는 금은과 군사력을 자기 인생의 성공으로 내세웠다. 전쟁에서 초자연적 승리를 경험한 자요 죽을 병에 걸렸다 기적적 치유를 맛본 자로서 그는 마땅히 그보다 더 잘 알았어야 했다. 히스기야는 하나님을 잊고 감사하지 않는 마음을 보여 주는 성경의 생생한 사례다.

여기 베푸는 자에게 주는 교훈이 있다. 돈방석에 앉아 있을 때 인간은 축복의 원천을 잊기 쉽다. 인생을 물질로 규정하는 것은 쉽다. 축복받은 이에게, 히스기야가 남긴 것보다 훨씬 큰 기대가 따른다는 사실을 망각하기 쉽다. "그들이 왕의 궁전에서 무엇을 보았나이까?"라는 물음에 대한 더 나은 답들이 있을 것이다.

황금의 위험한 광채

지혜를 얻는 것이 금을 얻는 것보다 얼마나 나은고. 명철을 얻는 것이 은을 얻는 것보다 더욱 나으니라.

잠언 16:16

미련한 자는 지혜를 살 마음이 없으니 손에 돈이 있은들 무슨 소용인가(NIV).

잠언 17:16

지금까지의 내용으로 미루어 보아 분명한 사실이 있다. 성경은 돈을 대다수 사람들이 다이너마이트를 대하듯 대한다. 둘 다 위험하지만 꼭 필요한 물건이다. 도로를 건설하는 사람들은 간혹 폭발물을 사용해 도로가 들어설 땅을 뚫는다. 그러나 폭발물 설치에 한치의 오차가 있어도 대참사를 부를 수 있음을 그들은 안다.

잠언 편집자의 생각이 바로 그렇다. 미련한 자의 손에 놓인 돈, 즉 지혜 없는 부의 개념을 그는 견딜 수 없다. 그래서 위에 인용한 첫 말씀에서 그는 우선 순위를 정한다. **반드시** 지혜가 앞서야 한다. 그러면 모종의 부가 따를 것이다. 그러나 반대로 부가 지혜를 앞서면 위험이 따르게 된다(참고. 전 7:11-12).

그는 "미련한 자의 손에 돈이 있은들 무슨 소용인가?"라고 묻는다. 대부분의 사람들은 이것이 무슨 말인지 안다. 지혜가 미처 내면 깊이 형성되기도 전에 유산을 물려받거나 횡재를 만난 사람들의 이야기를 우리는 익히 들어 알고 있다. 그들이 기껏 영혼을 오그라들게 하는 물건들에 재산을 탕진하는 것을 우리는 보았다. "바보와 돈은 금방 이별한다"는 속담이 있거니와 우리가 그 사실의 증인이다.

그래서 옛 지혜가 다시금 호소한다. 지혜를 구하라! 지혜를 구하라! 지혜를 구하라! 지혜야말로 사고 생활, 목표 설정, 거절의 용기, 올바른 재정 지출의 근간을 이루는 기본 뼈대다.

베풀며 사는 이들은 이 점을 잘 안다. 그들은 돈으로 문제를 해결하려 들거나 책임감 없이 소비하려는 유혹을 경험해 보았다. 늘 자신의 돈을 얻어 내려는 사람들이 귀찮게 하는 것도, 올바른 결정을 내리는 것이 어려운 것도 그들은 안다.

베푸는 자들은 조용한 순간에, 더 많은 돈이 아니라 더 많은 지혜를 구한다. 잠언 기자가 깨달은 대로 지혜는 우리 얼굴을 천국으로 향할 때만 찾아온다.

"이 잔을 옮기소서"

[예수께서] 가라사대 아바 아버지여 아버지께는 모든 것이 가능하오니 이 잔을 내게서 옮기시옵소서. 그러나 나의 원대로 마옵시고 아버지의 원대로 하옵소서.

마가복음 14:36

성경을 가끔 보는 이들도 감람산 산자락의 조그만 겟세마네 동산을 안다. 그 곳은 예수님이 체포되어 십자가를 지시기 전에 기도하신 곳이다. 베푸는 삶을 살려는 이들에게 주는 교훈이 겟세마네의 드라마에 들어 있다. 어느 누구도 아닌 하나님의 아들이 친히 주시는 교훈이다.

곧 당하실 고난을 놓고 엎드려 기도하시는 주님의 모습을 볼 때 그분 내면에 벌어진 일이 우리로서는 이해하기가 쉽지 않다. 그분은 "이 잔을 내게서 옮기시옵소서"라고 기도하신다. 그분 안에 격렬한 싸움이 벌어지고 있음을 알 수 있다. 구세주로서 세상 죄를 담당하실 십자가를 앞두고 그분은 가장 중요한, 아버지와의 친밀한 관계를 잃게 될 것을 아셨다. "나의 하나님, 어찌하여 나를 버리셨나이까?"라고 부르짖는 순간에 느끼게 될 공포의 그림자를 그분은 미리 맛보셨다.

갈등은 짤막한 말로 결판난다. "나의 원대로 마옵시고 아버지의 원대로 하옵소서." 이것이 기도의 결론이다. 결심은 재확인되고 견고해진다.

한 사람이 열심히 일하여 점차 재물이 쌓여 간다. 재물이란 많을수록 더 애지중지하게 마련이다. 재물과의 결별은 갈수록 더 두려운 것이 된다. 내면 깊은 곳에서 한 음성이 들린다. '아직도 부족하다. 더 필요하다.' 또 다른 음성이 들려온다. '네 것이니 네 맘대로 해라.' 마침내 여기까지 이른다. '무슨 수를 써서라도 움켜쥐어라.'

자아의 어두운 내면에서 들려오는 이런 음성은 우리 많은 이들에게 일종의 겟세마네가 된다. 재물을 쥔 손에 힘을 풀거나 아예 상당량을 떼어 내 하나님 사업을 이루라는 부름을 받을 때, 그 날 밤 겟세마네의 주님을 공격했던 두려움과 망설임이 우리에게도 유혹으로 다가오기 때문이다.

> 자아의 어두운 내면에서 들려오는 이런 음성은 우리 많은 이들에게 일종의 겟세마네가 된다.

"이 잔을 내게서 옮기시옵소서. 그러나 나의 원대로 마옵시고 아버지의 원대로 하옵소서." 두 기도 중 어느 쪽이 이길 것인가?

우리 영혼이 첫째 기도에 사로잡힌다면 오그라든 영의 결과를 거둘 것이다. 둘째 기도라면? 말할 수 없는 축복이 물 붓듯 임할 것이다.

제5부 우상을 버림

우리와 하나님을 끊을 수 있는 것은?

누가 우리를 그리스도의 사랑에서 끊으리요. 환난이나 곤고나 핍박이나 기근이나 적신이나 위험이나 칼이랴.…그러나 이 모든 일에 우리를 사랑하시는 이로 말미암아 우리가 넉넉히 이기느니라.

로마서 8:35, 37

주식 시장은 오르락내리락 변덕을 부리고 재산 가치는 기복을 타며 창업은 때로 실패로 끝난다. 이렇게 변하는 세상에서 우리는 뭔가 영구적인 것에 마음을 두는 것이 좋다. 변하지 않는 것, 변할 수 없는 것에 말이다.

영적인 길을 찾는 이들이 결국 그리스도께 오는 것도 그 때문이다. 그분의 사랑은 흔들리지 않고 실패하지 않는다. 바울은 어지러운 세상을 사는 우리에게 하나님의 사랑의 영속성을 일깨우려는 열의로 네 가지 반문을 제기한다.

하나님이 우리 편이라면 누가 우리를 대적할 수 있겠는가?
누가 능히 하나님이 택하신 자들을 송사하겠는가?
누가 정죄하겠는가?
누가 우리를 그리스도의 사랑에서 끊겠는가?

독자들에게 요점을 부각시키기 위해 바울은 사망과 생명, 천사들과 권세자들, 현재 일과 장래 일 등 가능한 대적을 쭉 늘어 놓는다. 마침내 그는 확고부동한 결론에 이른다. 세상 그 무엇도 그리스도를 통해 모든 자녀들에게 베푸시는 하나님의 사랑을 지우거나 줄이거나 없앨 수 없다.

재력이나 영향력을 소유한 사람들은 상실을 염려하는 유혹을 좀처럼 떨치기 어렵다. 우리는 집과 자동차에 경보 장치를 단다. 방범 업체에 서비스를 의뢰한다. 재산 보전에 대해 전문가들과 상의한다. 쉽게 인정하지 않겠지만 우리는 대부분 이런 것들에 대해 날마다 정도 이상으로 염려한다.

전혀 걱정거리가 될 수 없는 것들이 우리 현실의 기초가 되어야 한다. 이것이 바울의 요점과 통하는 대목이다. 베풀며 살려는 그리스도의 제자들에게는 그러한 기초가 있다. 바로 하나님의 돌보심과 애정이다. 그것은 **절대** 줄어들지 않는다.

그리스도의 사랑이 우리 마음의 중심에 파고들 때 다른 모든 염려와 불안은 사라지고 만다. 눈에 보이는 힘있는 것들은 모두 순식간에 사라질지라도 절대 추락하지 않는 것이 하나 있다. 하나님은 우리 아버지시요 우리는 그분의 자녀라고 하는 그분의 약속이다.

제6부

그리스도인의 풍성한 삶

너는 구제할 때에
오른손의 하는 것을 왼손이 모르게 하여
네 구제함이 은밀하게 하라.
은밀한 중에 보시는 너의 아버지가 갚으시리라.

마태복음 6:3-4

전통적 신앙 훈련 중 잘 거론되지 않지만 풍성한 그리스도인의 삶을 위해 꼭 필요한 것은 **은밀함**의 훈련이다. 은밀함에는 내 신앙 경험을 다른 사람들에게 말하고 싶은 유혹을 물리치는 것이 포함된다. 이 훈련은 한마디로 하나님이 내게 들려주신 말씀이나 그분에 대한 내 반응을 모든 사람이 알 필요는 없다는 것이다. 꼭 알 필요가 있는 것이라면 그들 스스로 알게 두면 된다.

우리는 대부분 자신의 경험이나 행동을 최대한 빨리 남들에게 모두 말해야 직성이 풀리는 신앙 전통 속에서 자라났다. 우리는 그것을 **간증**이라 하지만 잘못하면 **자랑**이 될 수도 있다. 우리는 뭔가 대단해 보이려고 자신의 활동을 남에게 알리고 싶어할 때가 얼마나 많은가.

예수님은 부자들과 유명인들이 자신의 선행 즉 '의의 행위'를 온갖 방법으로 떠벌리던 시대에 구제에 대한 이 교훈을 주셨다(마 6:3-4). 그들은 자랑하려 했다. 자신이 얼마나 '착한지' 만인에게 알리고 싶어했다. 거기서 일종의 경쟁이 생기게 되었고 그것은 다시 자기 정당화로 이어졌다. "다들 보시오! 내가 얼마나 의로운지 보시오!"

우리 주님은 이런 사고 방식을 혐오하신다. 대신 그분은 우리를 정반대의 길로 부르신다. 은밀함의 길 말이다. 그분은 말씀하신다. 네 의를 만인에게 알게 하라, 천국의 상을 잃을 것이다. 다시 말해 네가 네 모든 행동에 사람들의 박수를 원한다면 박수는 얻을 것이다. 그러나 네 상의 총계는 박수로 그칠 것이다. 천국의 상은 기대하지 말라.

물론 그런 결정권을 행사할 수 없는 상황도 있을 수 있지만 은밀함은 베푸는 삶의 개념에 가장 중요한 요소 중 하나다. 베푸는 자들이 영적으로 성숙하면 인간의 칭찬을 바라는 욕구에 면역이 생긴다. 대신 그들은 하나님의 칭찬을 기대하며 무엇보다 그것을 가장 사모한다.

후히 베푸시는 예수님

> 내가 명령으로 하는 말이 아니요 오직 다른 이들의 간절함을 가지고 너희의 사랑의 진실함을 증명코자 함이로라. 우리 주 예수 그리스도의 은혜를 너희가 알거니와 부요하신 자로서 너희를 위하여 가난하게 되심은 그의 가난함을 인하여 너희로 부요케 하려 하심이니라.
>
> 고린도후서 8:8-9

바울의 편지가 고린도 교회에서 처음 읽혀질 때 당신이 회중 가운데 앉아 있었다고 상상해 보라. 자신들의 영적 자신감을 예리하게 파헤치는 바울의 말에 고린도 교인들은 어쩔 줄 몰라하였을까? 그들은 자신만만하게 으스대는 자들이었다. 그들은 큰 교세와 풍부한 재능과 똑똑한 교인들을 은근히 자랑하였다.

바울은 "너희의 사랑의 진실함을 증명코자 함이로라"고 말하였다. 그래서 그는 어떻게 하였는가? 그들을 마게도냐 교인들과 비교하였다. 분명 고린도 교인들은 시험에 불합격하였다.

그러나 바울의 비교는 좀더 강도가 높아진다. 그는 "우리 주 예수 그리스도의 은혜를 너희가 알거니와"라고 썼다. 물론 그들은 알았을 것이다. 그래도 바울은 다시 설명한다. 부요하신 그분이 일부러 가난해지신 것은 그들을 영적으로 부요케 하시기 위해서였다. 이것을 부의 전가라 할 수 있다. 천국에서 고린도로 전가된 것이다. 예수님은 베푸는 자들의 수장이셨다.

베푸는 일에 관한 한, 성경은 우리에게 호락호락하지 않다. 우리는 본능적으로 이기적인 인간이다. 맨 처음 하나님이 정하신 의무적 드림의 기준은 십일조 즉 소유의 10%로 낮았다. 그러나 베푸는 삶은 다른 차원이다. 베푸는 삶은 손해 볼 정도로 베풀 때 시작된다. 남을 부유케 하기 위해 내가 가난 쪽으로 움직일 때 시작된다.

여기서 부란 남의 재산을 늘려 준다는 뜻이 아니다. 오히려 이것은 영적인 부를 의미한다. 그 부는 하나님이 (특권을 입은 자들만 아니라) **만인**에게 의도하신 삶을 살 때 찾아온다. 예수님은 성육신과 십자가의 구속으로 솔선수범을 보이셨다. 우리가 가난에서 부로 옮겨 갈 수 있도록 그분은 친히 부에서 가난으로 옮겨가신 것이다. 이것이 우리의 모본이요 소명이다.

나팔을 불지 말라!

구제할 때에 외식하는 자가 사람에게 영광을 얻으려고 회당과 거리에서 하는 것같이 너희 앞에 나팔을 불지 말라.…너는 구제할 때에 오른손의 하는 것을 왼손이 모르게 하여 네 구제함이 은밀하게 하라. 은밀한 중에 보시는 너의 아버지가 갚으시리라.

마태복음 6:2-4

나팔이라! 예수님 당시에 구제하고 적선할 때 요란한 팡파르를 울린 사람들이 과연 실제로 있었을까? 혹 예수님이 과장하시거나 약간 유머를 섞어 하신 말씀이 아닐까? 그렇지 않다. 그분은 구제할 때 이런 쇼를 보여 줄 것을 명하는 자들을 실제로 보셨다. 우리 시대 사람들도 나을 것은 없다.

죄란 이루 말할 수 없이 교활하다. 본문은 당시 유대인들 사이에 가장 훌륭한 행위로 여겨지던 일에 관해 말하고 있다. 그것은 바로 가난한 자들을 돕는 것이었다. 그러나 동기가 불순하면 그 일조차 오염될 수 있음을 본문은 보여 준다. 여기 후하게 베푸는 자로 보이는 사람의 모습이 나타난다. 그러나 그가 베푼 진짜 이유는 결국 다른 사람들의 호감과 칭찬과 찬사를 얻고 싶어서였다.

주님의 말씀은 변함없다. 구제할 때 그런 인정을 받기를 구하라, 그리하면 네 상이나 복은 세상의 인정으로 그칠 것이다.

이어 예수님은 맨 처음 제시하신 나팔 부는 장면과 정반대의 이미

지를 보여 주신다. "네 오른손이 하는 일을 왼손이 모르게 하라." 무슨 논리인가? 내 구제를 다른 사람들에게만 비밀로 할 뿐 아니라 할 수 있거든 내 다른 신체 부위에도 비밀로 하라는 것이다. 그 정도면 정말 비밀이라고 할 수 있다!

베푸는 삶의 원리를 이렇게 확대 설명할 수 있다. "다른 사람이 내게 해준 일은 절대 잊지 말고, 내가 다른 사람에게 한 일은 절대 기억하지 말라." 우리는 남의 인정이나 칭찬을 받으려고 베푸는 것도 아니고, 자기 기분이 좋으라고 베푸는 것도 아니다.

그러나 베푸는 행위를 언제나 지켜보시는 분이 계신다. 살아 계신 하나님이다. 그분께는 아무것도 비밀로 할 수 없다. 이 경우 하나님은 우리의 생각과 의도를 포함한 베푸는 행위를 보신다. 그리고 보신 그대로 상을 주신다.

이 한 분의 관객 앞에서 베푸는 삶을 추구할 때 우리의 마음은 넓어진다. 세상이 우리 행위를 통해 인정하고 칭찬하는—흔히 내 기부금을 더 많이 얻어 내려고—곳인 만큼 그것은 쉽지 않을 때가 많다. 그러나 은밀함의 훈련이야말로 우리 영혼을 무엇보다 신속히 넓혀 주는 것이다.

잘 드린 자들

> 오직 너희는 믿음과 말과 지식과 모든 간절함과 우리를 사랑하는 이 모든 일에 풍성한 것같이 이[드림의] 은혜에도 풍성하게 할지니라.
>
> 고린도후서 8:7

오 고린도 교인들이여! 그들은 표면상 마게도냐 교인들과 얼마나 대조적인가. 그래서 표면 밑, 마음속까지도 대조적인 것이리라.

마게도냐 교인들은 핍박을 받았으나 고린도 교인들은 그렇지 않았다. 마게도냐 교인들은 가난했으나 고린도 교인들은 비교적 부유했다. 마게도냐 교인들은 신앙이 어렸고 '똑똑한' 지도자도 별로 없었으나 고린도 교인들은 최고의 설교자들과 사상가들의 가르침을 들었다. 거의 모든 면에서 두 교회는 달라도 그렇게 다를 수가 없었다.

그래서 바울은 마음이 상했을 것이다. 인간의 논리로 보면 어디까지나 고린도 교인들이 훨씬 후히 드리는 자들로 알려져야 했다. "너희는 믿음과 말과 지식과 모든 간절함과 우리를 사랑하는 이 모든 일에 풍성하다." 바울은 특유의 꼬집는 어투로 이렇게 말하였다. 그런 뒤 결정타를 날린다. "드림의 은혜에도 풍성하게 하라."

여기서 잠시 멈추고 생각해 볼 필요가 있다. "드리는 일에 탁월하다고 알려진 이들을 나는 얼마나 많이 알고 있는가?" 우리는 교계의 탁월한 저자들과 설교자들과 음악가들을 알고 있다. 훌륭한 기관 지도자들과 비전을 가진 자들의 이름도 알고 있다. 교계를 벗어나 더 넓은 세상으로 나가면 우리는 위대한 지성들과 경영의 천재들을 의당 알고 있다. **그러나 드리는 일로 알려진 자들은 누구인가?**

마게도냐 교인들처럼 후히 베푸는 사연들은 갑부들에게서 나오지 않는 경우가 많다. 물론 기부금이 꼭 필요한 사람들과 기관에 거금을 희사하는 자선가들도 있다. 그러나 풍성한 드림이란 액수가 아니라 **마게도냐 교인들의 기준**으로 결정된다. 일단 그 기준이 적용되면 부자와 가난한 자 모두에게 공평한 기회가 주어지는 것이다. 다시 말해 우리는 꼭 부자가 아니어도 후히 드릴 수 있다.

드리는 일을 풍성하게 하라. 이것이 바울이 고린도 교인들에게 당부하는 것이다. 그들은 바울의 도전에 응할 것인가? 고린도 교회가 그토록 건강하지 못하고 가진 바 잠재력을 턱없이 발휘하지 못한 것은 어쩌면 베풂에 인색한 데도 원인이 있을 것이다. 베푸는 부분에서 풍성하지 않다면 다른 모든 풍성함이 무슨 유익이 있겠는가?

헌금의 이면을 보시는 하나님

화 있을진저. 외식하는 서기관들과 바리새인들이여. 너희가…드리되 율법의 더 중한 바 의와 인과 신은 버렸도다.

마태복음 23:23

유대인의 율법과 전통은 특정 소득과 재산에 대해 엄격한 십일조를 요구하였다. 당시 향료는 값비싼 일상 용품으로서 대부분 동방의 무역로를 통해 전해졌다. 향료로 표상되는 부는 오늘날의 증권이나 귀금속에 해당된다.

그러나 예수님은 일부 바리새인들이 이런 물품들의 10% '세금'을 성전에 바칠 때 대대적으로 선전해 자신의 신앙심을 과시하려 하는 것을 보셨다. 그것의 대가로 이들 종교 지도자들은 종교적 명성과 박수와 인정을 기대하였다.

그러나 그런 행위에 빠진 것이 있었다. 예수님은 바로 그 부분을 호되게 꾸짖으셨다. 그들은 십일조는 바쳤지만 깊은 내면에 경건한 성품이 없었다. 우리 주님이 드리는 정신에 수반되어야 할 세 가지 자질, 즉 의와 인과 신의 부재를 지적하신 것이 곧 그런 의미였다.

바치는 자들은 마음의 중심을 보시는 하나님에 대한 참 헌신이 없었으나 그것을 겉치레로 가렸다. 그러나 예수님은 그러한 겉치레에 감동받지 않으셨다. 마찬가지로 우리도 사회의 약자들과 가난한 자들에 대한 긍휼 때문이 아니라 주로 보상을 받으려고 베푼다면 하나님이 그것을 보신다. 베푸는 삶은 지갑의 문제만이 아니라 마음의 문제다.

> 베푸는 삶은 지갑의 문제만이 아니라 마음의 문제다.

헌금 수혜자들과의 직접적 관계는 피한 채 달랑 헌금만 바쳐서는 안 된다. 헌금통에 돈만 던지고는, 초라하고 무질서한 바깥 세상을 외면해서는 안 된다. 냉담하고 교만하며 자기 의에 젖은 영혼은 종교 기관의 수중에 거금을 전했다는 이유만으로 예수님 보시기에 결백한 것이 아니다. 베푸는 삶은 돈을 전달하는 것으로 시작되는 것이 **아니라** 자비와 긍휼의 마음으로 시작된다.

당신의 거래 은행은?

너희를 위하여 보물을 땅에 쌓아두지 말라. 거기는 좀과 동록이 해하며 도적이 구멍을 뚫고 도적질하느니라. 오직 너희를 위하여 보물을 하늘에 쌓아두라…네 보물 있는 그 곳에는 네 마음도 있느니라.

마태복음 6:19-21

대부분의 사람들은 항상 뭔가를 수집한다. 이를테면 자기만의 보물인 셈이다. 아이들은 동물 인형, 장난감, 행운의 돌, 특별한 기념품을 수집한다. 십대들은 음악 CD, 야구 모자와 카드, 연예인의 사진을 수집한다. 우리 어른들은 어떤가? 돈과 값비싼 노리개와 근사한 집을 수집한다.

우리가 이렇게 뭔가를 모으는 이유는 무엇일까? 자신이 가치 있는 존재라는 의식을 높이려는 시도와 상관이 있을 것이다. 절실한 안전 욕구와 관계가 있을 수도 있다. '내 수중에 이만큼 있으면 어떤 재난에서도 나를 지킬 수 있겠지.' 뿐만 아니라 필요 이상으로 모으는 것은 권력 문제와 얽혀 있을 수 있다. '가진 게 많을수록 더 힘을 쓸 수 있다'고 생각하는 것이다.

어디를 가시든 예수님은 마치 다람쥐가 겨울용 먹이를 쌓듯 부를 쌓는 사람들을 보셨다. 풍성한 수확을 저장하려 더 큰 창고를 짓는 어리석은 부자 농부를 보셨다. 자신들의 종교적 의무에서 어떻게든 틈새를 찾아내는 바리새인들을 보셨다. 그들은 조금 더 쌓아 두려고 부모에 대한 경제적 부양까지 저버렸다. 예수님이 아신 한 부자 청년 관원은 그분을 따르기 위해 재산을 버리는 것을 두려워하였다.

그 밖에도 예수님은 재산을 쌓아 두는 자들을 많이 보셨다. 그들은 재산을 숨기고 지키고 늘리고 자랑하였다. 그러나 예수님이 제자들에게 쌓아 두라고 하신 보물은 그런 것이 아니다. 그분의 경고가 오늘 우리 귀에도 쟁쟁하다. 쌓아 두지 말라!

이 땅의 보물에 집착하는 자들은 자칫 넘어지기 쉽다. 이런 보물은 본질상 한시적이다. 그래서 그런 것들을 얻는 데 일차적 관심을 두는 것은 현명한 투자가 못 된다. 결국 우리의 안전, 우리의 공급자, 우리의 심판자는 하나님이시다.

> 이 땅의 보물에 집착하는 자들은 자칫 넘어지기 쉽다.

우리도 예수님이 말씀하신 쌓아 두는 습관에 빠지기 쉽다. 대개 그것은 서서히 자라나며 마침내 우리 머릿속은 온통 그 생각밖에 없게 된다. '어떻게 하면 더 챙길 수 있을까? 어떻게 하면 챙긴 것을 잘 지킬 수 있을까? 내가 얼마나 가치 있는 사람이라는 것을 어떻게 하면 만인에게 확실히 알릴 수 있을까?'

이것은 베풀며 살아가는 좋은 생활 방식이 아니라고 우리 주님은 말씀하신다.

맨 처음 후히 베푸신 분

하나님이 세상을 이처럼 사랑하사 독생자를 주셨으니 이는 저를 믿는 자마다 멸망치 않고 영생을 얻게 하려 하심이니라.

요한복음 3:16

본문 말씀은 예수님과 유대교 지도자 니고데모의 대화 끝에 나오는 구절이다. 대화는 밤 시간에 이루어졌다. 주님과 함께 있다가 남의 눈에 띄면 평판이 나빠질 수 있는데, 그런 각오가 아직 니고데모에게는 없었던 것이다.

"하나님이 세상을 이처럼 사랑하사…" 이 말씀은 니고데모와의 대화의 연장일까 아니면 거기서 파생된 설명일까? 우리는 알 수 없다. 그러나 대체로 우리가 성경의 가장 깊은 진리 중 하나를 읽고 있다는 데만은 이의가 없다. "하나님은 사랑하신다. 하나님은 아들을 주셨다. 누구든지 믿는 자는 영생을 얻는다." 우리는 이것을 복음이라 부른다. 그렇게 단순하다! 그렇게 심오하다.

베푸는 삶을 살려면 이 말씀을 깊이 알아야 한다. 이 말씀은, 하나님이 친히 먼저 해주시지 않은 일을 우리에게 요구하시는 법은 없다는 사실을 우리에게 일깨워 준다. 하나님은 **맨 처음** 후히 베푸신 분이요 **가장** 후히 베푸시는 분이다. 그분은 베푸는 삶의 지고한 모범을 보이셨고, 성경을 따르는 자들을 그 길로 부르신다.

베푸는 사람은 마음으로부터 사랑을 전하는 자이다. 감상적 사랑이나 낭만적 사랑이 아니라 긍휼과 관심에 기초한 사랑, 이 세상의 상하고 부서진 인간과 그들이 속한 상황에 끌리는 사랑이다. 이런 사랑은 인간을 하나님의 형상대로 지음받은 존재로 귀히 여긴다. 이 사랑에는 타인에 대한 고난과 무지함을 야기시키는 제도와 세력에 대한 의분이 수반된다. 자신의 상황을 변화시킬 수 없는 자들을 위해 삶과 환경을 변화시킬 기회가 있을 때 이 사랑은 가만히 있지 못한다.

> 하나님이 친히 먼저 해주시지 않은 일을 우리에게 요구하시는 법은 없다.

베푸는 자는 하나님의 본을 따라 자기가 가진 최선의 것을 준다. 하나님은 외아들을 주셨다. 우리는 자원과 재능의 가장 소중한 부분을 내준다. 최소한의 물질을 내놓는 것이 아니라 **헌신적으로** 준다. 아들을 희생하신 하나님을 본받아 우리도 내 사생활의 가장 귀한 것들, 즉 시간과 편안한 삶과 좋은 물건들까지 내준다.

끝으로, 베푸는 자는 어떤 의미에서 사람들이 영생을 얻도록 길을 닦는 자이다. 우리가 영생을 주는 것은 아니지만(그것은 하나님만이 하시는 일이다) 우리의 드림을 통해 사람들이 영생을 얻는 것을 가능하게 하는 그것을 드리는 것이다. 성경을 따르는 우리는 헌금의 상당 부분이 그리스도를 전하는 활동과 그분을 따르도록 사람들을 돕는 일에 쓰여야 한다고 믿는다.

삶의 모든 부분에서 베푸는 자가 되는 것이 우리를 향한 하나님의 뜻이다. 그러나 그분은 친히 먼저 해주시지 않은 일은 절대 시키시지 않는다. 그리고 하나님은 우리가 하는 일을 보시고 상 주신다.

하나님의 후한 사랑을 닮아

소망이 부끄럽게 아니함은 우리에게 주신 성령으로 말미암아 하나님의 사랑이 우리 마음에 부은 바 됨이니.

로마서 5:5

성경이 수시로 우리에게 일깨워 주듯이 베푸는 삶은 하나님의 마음에서 시작된다. 하나님이 예수님의 십자가 사역을 통해 인류를 구속하고자 행하신 일, 그 중심에 바로 베푸는 마음이 있다.

바울은 "하나님의 사랑이 우리 마음에 부은 바 됨이니"라고 말한다. 이 말씀을 그저 신학적 수사(修辭)로 간주해서는 안 된다. 바울은 이 사랑을 체험하였다. 율법을 중시하는 사상 속에서 자라고 훈련받은 그는 아무리 해도 부족한 듯한 느낌을 잘 알았다. 늘 기준 미달을 내세우며 많은 요구로 쇠약하게 하는 종교를 그는 잘 알고 있었다.

그러던 그가 하나님의 은혜를 입게 되었다. 이스라엘의 하나님께 그런 면이 있는 줄 그는 전혀 몰랐었다. 한번 알고 나자 후한 사랑으로 이끄시는 하나님께 대한 찬양이 그를 떠날 줄 몰랐다.

천국에서 나온 이 베풂에는 조건이 없다. 바울은 "우리가 아직 연약할 때에…그리스도께서 경건치 않은 자를 위하여 죽으셨도다"(롬 5:6)고 말한다. 익숙한 말씀이라 자칫하면 충분한 묵상 없이 흘려 버릴 수 있다. 이 말씀이 우리에게 주는 메시지는 최소한 두 가지다. 첫째로 우리가 하나님의 사랑을 받을 만한 아무런 일도 하지 않았음에도 불구하고, 그분은 그리스도를 통해 우리를 사랑하셨고 지금도 사랑하신다. 사실 우리는 사춘기 아이가 이유 없이 부모에게 반항하듯 그분의 사랑에 저항하기 일쑤였다.

우리가 하나님의 사랑을 받을 만한 아무런 일도 하지 않았음에도 불구하고, 그분은 그리스도를 통해 우리를 사랑하셨고 지금도 사랑하신다.

두 번째 메시지도 똑같이 중요하다. 우리에게 그토록 후히 주시는 하나님은 우리가 따라야 할 베푸는 삶의 본을 보이셨다. 그래서 우리는 이런 마음가짐으로 베푼다. 즉 가난한 자, 연약한 자, 눌린 자들에게 베풀되 그들이 구걸해서도 아니고, 우리에게 칭찬이나 박수갈채를 약속해서도 아니고, 내 쪽에서 무슨 즉각적 성과를 바라서도 아니다. **오직 우리는 사랑하기에 베푼다!**

일단 드려진 나의 헌금이 어떻게 쓰이느냐는 받은 자와 하나님 사이의 일이다. 우리가 할 일은 드리는 것이다. 우리의 기대와 조건은 거기서 끝난다. 물론 회답이나 감사나 성과가 있다면 그것도 좋다. 그 순간 우리는 얼마든지 기뻐할 수 있다. 그러나 그것이 우리가 드리는 이유는 아니다.

우리가 베푸는 이유는 하나님이 베푸셨기 때문이다. 우리는 하나님이 베푸신 대로 베푼다. 그리고 하나님처럼 후하게 베푸는 것이 우리의 목표다. 그러려면 우리는 깊이 성숙하고 순종해야 한다.

옮긴이 소개

윤종석은 서강대 영어영문학과를 졸업하였으며 미국 Golden Gate Baptist Theological Seminary에서 교육학(M.A.)을, Trinity Evangelical Divinity School에서 상담학(M.A.)을 공부했다. 「놀라운 하나님의 은혜」, 「하나님이 축복하시는 삶」, 「마음과 마음이 이어질 때」, 「남자는 무슨 생각을 하며 사는가?」, 「아담의 침묵」(이상 IVP), 「예수가 선택한 십자가」, 「결혼 건축가」(이상 두란노), 「예수님처럼」(복있는사람) 등 다수의 책을 번역하였다.

베푸는 삶의 비밀

초판 발행_ 2003년 9월 22일
초판 8쇄_ 2014년 3월 10일

지은이_ 고든 맥도날드
옮긴이_ 윤종석
펴낸이_ 신현기
발행처_ 한국기독학생회출판부
등록번호_ 제313-2001-198호(1978. 6. 1)
주소_ 121-838 서울시 마포구 동교로 156-10
대표 전화_ (02)337-2257 팩스_ (02)337-2258
영업 전화_ (02)338-2282 팩스_ 080-915-1515
직영서점 산책_ (02)3141-5321
홈페이지_ http://www.ivp.co.kr 이메일_ ivp@ivp.co.kr
ISBN 978-89-328-2069-9

ⓒ 한국기독학생회출판부 2003

잘못된 책은 바꿔드립니다.
무단 전재와 복제를 금합니다.